악마의 속삭임에도
흔들리지 않는
멘탈디자인

자신을 향한
부정적인 메시지에서 벗어나는 최적의 방법

악마의 속삭임에도 흔들리지 않는 멘탈디자인

임주리 지음

- 20년 경력의 관계심리 전문가
- BNI코리아 선한기업 1호 선정
- 국제코치연맹(ICF) 인증코치 PCC

'또 실패할 거야?' '너는 안 돼!' '완벽하지 않으면 안 돼!'
당신이 가장 바꾸고 싶은 악마의 속삭임은 무엇인가?

**'이대로는 안 된다'는 절박함을 무기 삼아,
내 마음을 내가 원하는 대로 설계하는 기술**

나비의 활주로

추천사

'진정한 자아'를 만날 수 있는, 아주 소중하고 특별한 기회

한국에 '내면아이 치료'와 '이마고부부관계 치료'를 소개하고, 수많은 분들과 치유의 여정을 함께 걸어온 저는, 이 책이 '한 사람의 깊은 성장과 변화가 얼마나 아름다운 열매를 맺을 수 있는지'를 분명히 보여주는, 참 소중한 선물이 될 것이라고 확신합니다.

저자가 '악마의 속삭임'이라고 표현한 그 목소리는, 우리의 내면에 아직 상처받은 채로 울고 있는 '상처받은 내면아이The Wounded Inner Child'의 슬픈 울음소리일 수 있습니다. 이 책을 통해서 저자는, 이런 슬픈 목소리를 결코 외면하지 않고 진정으로 따뜻하게 품어주면서, 저자 자신만의 부드럽고 단단한 '멘탈디자인'을 완성해 나가는, 아주 용기 있는 여정을 보여줍니다.

우리는 모두 크고 작은 마음의 상처들을 안고 살아갑니다. 직장에서 스트레스, 관계에서의 갈등, 예상치 못한 인생의 변화 앞에서, 종종 우리는 무력감을 느끼게 됩니다. 이 책을 통해 저자는 그러한 어려움들조차도, 그것이 우리로 하여금 우리의 내면의 힘을 새롭게 발견하게 하고, '진정한 자아True Self'를 만나는 아주 소중하고 특별한 기회가 될 수 있음을, 우리에게 일깨워줍니다.

이 책의 '멘탈디자인'이라는 개념은, 우리가 단순히 과거의 상처에 머물러 있는 게 아니라, 보다 능동적으로 우리 자신의 정신적 건강을 설계해가고 창조해갈 수 있는 특별한 존재임을 보여줍니다.

저는 이 책을 읽는 모든 분들이 자신의 '상처받은 내면아이'를 따뜻하게 품어주고, 어떤 어려움 속에서도 절대 흔들리지 않는 단단한 내적 힘을 기르시길 바랍니다. 한 사람의 내면이 치유되고 성장하게 될 때, 그 사람을 둘러싼 주변의 모든 관계도 함께 아름답게 변화되어가는 것을 목격합니다. 우리는 모두 사랑받기에 충분한 아주 소중하고 특별한 존재입니다.

오제은, 서던캘리포니아 데이브레이크대학교 총장

가장 신뢰할 수 있는 내면의 안내자

'운디드 힐러, 마인드 가드너 임주리 코치' 이 책을 읽으며 떠오른 단어입니다. 자신의 상처를 진심으로 마주하고, 그 치유의 여정을 삶으로 살아낸 사람만이 타인의 변화에도 진심으로 다가갈 수 있다고 믿습니다. 오랜 시간 곁에서 그녀의 성장을 지켜본 사람으로서, 이 책은 단순한 심리서가 아니라 '살아 낸 언어들'이라는 점에서 깊은 울림이 있습니다.

임주리 코치는 '완벽주의 OS', '비교 OS', '피해의식 OS' 등 우리 안에서 무의식적으로 작동하는 낡은 심리 시스템을 날카롭게 해부하고, 이를 누구나 따라 할 수 있는 실용적 시스템으로 정리해 냈습니다. 단순한 이론 소개가 아니라, 수천 번 넘어지고 깨지며 스스로 검증한 내면의 시스템이기에 그 말에 믿음이 갑니다. 이 책은 우리에게 묻습니다. "당신은 지금도 내면의 자동조종 장치에 끌려가고 있지 않은가?" "매번 '이번에는 달라질 거야'라고 다짐하면서도 같은 자리에 머물러 있지는 않은가?" 그 질문 앞에서 멈춰 선 이들에게, 이 책은 가장 신뢰할 수 있는 내면의 안내자가 되어줄 것입니다. 자신의 멘탈 OS를 스스로 설계하여 삶의 주도권을 회복하고 싶은 모든 이에게 이 책을 권합니다.

존윤, 《C Coaching》 저자, BNI Korea 대표

'내 마음을 다시 디자인해 볼 수 있겠다'라는 용기를 주는 한 권

〈세바시〉 강연을 만들며 수많은 이야기를 들어왔지만, 그중에서도 마음을 다루는 글은 늘 특별합니다. 마음은 우리의 삶을 가장 가깝게 움직이는 힘이자, 동시에 가장 다루기 어려운 영역이기 때문입니다. 임주리 저자는 〈세바시〉 스피치 수업을 통해 자기 이야기를 정직하게 풀어내는 법을 배웠습니다. 그리고 그 배움은 이번 책 속에서 더욱 단단한 통찰로 빛을 발합니다.

저자가 전하는 메시지는 복잡하지 않습니다. 그러나 그 단순함이야말

로 가장 본질적이고 강력합니다. 저자는 멘탈을 단순히 '관리'하는 기술로 보지 않고, 삶 전체를 설계하는 '디자인'으로 바라봅니다. 자기 마음의 구조를 새롭게 짓고 가꾸는 과정이야말로, 우리가 흔들림 없이 살아갈 수 있는 기초임을 보여줍니다.

〈세바시〉에서 강조하는 좋은 스피치의 조건은 '나로부터 시작되는 진실'입니다. 이 책 역시 마찬가지입니다. 저자는 자기 경험에서 길어 올린 진실을 이야기하고, 그것을 누구나 공감할 수 있는 언어로 옮겼습니다. 덕분에 이 책은 단순한 자기계발서가 아니라, 독자 각자의 마음을 비추는 거울이 됩니다.

저자는 이제 무대 위의 연사가 아니라, 책을 통해 더 많은 독자의 삶 속으로 들어갑니다. 이 책을 덮을 때, 당신은 아마도 '내 마음을 다시 디자인해 볼 수 있겠다'라는 작은 용기를 얻게 될 것입니다. 그것이면 충분합니다. 변화는 늘 작은 결심에서 시작되니까요.

구범준, 〈세바시〉 대표 PD

전문가의 솔직한 고백이 주는 진정한 위로

임주리 코치는 수많은 이들의 변화를 동행하며 관계 심리의 현장에서 삶을 연구해 온 전문가입니다. 그런데도 정작 본인 역시 가족 앞에서 같은 실수를 반복했다고 고백합니다. 이 솔직한 이야기는 독자에게 큰 위로와 용기를 줍니다. '전문가도 흔들릴 수 있다. 그렇다면 나도 괜찮다.' 바로 이

지점에서 이 책은 시작됩니다.

이 책이 특별한 이유는, 임주리 코치가 단순히 이론을 설명하는 사람이 아니라, 먼저 자신의 멘탈을 새롭게 디자인한 당사자라는 점입니다. '구버전 멘탈 OS'를 직면하고, 그것을 분석하고 해독하며 해체하여 재설계하는 과정을 스스로 살아냈기에, 독자에게 전하는 메시지는 더욱 진실하고 설득력이 있습니다.

수많은 책을 읽고도 변하지 못했던 이들에게, 이 책은 삶을 새롭게 열어주는 마법의 열쇠가 될 것입니다. 책장을 덮을 즈음 독자는 '그래, 나도 이제 멘탈을 새롭게 디자인할 수 있겠다'는 확신을 얻게 될 것이고, 시간이 흐르며 완벽주의와 비교의 굴레에서 벗어나 자기 삶의 주도권을 회복하는 자신을 발견할 것입니다. 이 책은 임주리 코치 자신의 내적 여정에서 증명된 실천적 결과물이며, 동시에 독자 각자가 자기 삶을 재설계할 수 있도록 돕는 든든한 안내서입니다.

김을호, 명지대학교 교육대학원 교육학과 독서코칭교육 전공 주임교수

존재를 회복시키는 동반자의 언어

20년 넘게 가까이에서 임주리 코치를 동료 코치로 지켜보면서, 나는 그녀가 사람을 '수정'하는 전문가가 아니라 존재를 '회복'시키는 동반자임을 확신합니다. 이 책은 내 안의 상처를 탓하지 않고, 그 상처를 새롭게 디자인할 용기를 건네줍니다.

임주리 코치의 문장은 삶을 고쳐 쓰는 지침서가 아니라, 존재 자체를 껴안아 주는 따뜻한 동반자입니다. 이 책을 읽으면서 '완벽해야만 사랑받는다'는 오래된 믿음을 내려놓고, 불완전한 나를 끌어안는 순간을 경험했습니다.

　그래서 이 책을 읽는 순간, 악마의 속삭임은 더 이상 두려움이 아니라 성장의 신호가 된다는 것을 깨닫게 되었습니다. 삶의 무게로 흔들릴 때, 이 책은 '당신은 이미 충분하다'라는 가장 강력한 위로로 등을 받쳐 줍니다.

　진정성과 사랑으로 수많은 삶을 치유해 온 임주리 코치의 현장 지혜는 독자 각자가 자기 삶의 디자이너로 서도록 코칭을 경험하게 할 것입니다. 당신이 지금 삶의 전환점을 찾고 있다면, 이 책은 반드시 곁에 있어야 할 동반자입니다.

Dr. 폴정Paul Jeong, ICF MCC & IAC MMC

연극 무대에서 주인공이 되는 법

　우리의 삶은 종종 연극에 비유됩니다. 연극의 4요소인 배우, 관객, 대본, 무대처럼 자신이 배우가 되어, 주변 사람이라는 관객들과 일상이라는 무대에서 각자의 대본대로 연기를 한다는 것입니다.

　누군가는 악마가 되어 다른 사람의 성공을 방해합니다. 또 누군가는 그런 속삭임에 빠져 포기하고 좌절합니다. 임주리 코치도 어릴 적 경험으로 인해 '완벽해야 해' '더 열심히 해'라는 대본을 가지게 되었습니다. 그로 인해 20년간 관계 전문가로 다른 사람의 성공과 변화를 도왔으면서도, 정작 자신은 '실패할 것이 두려워서' 책 쓰기를 용기 내지 못했었습니다.

그런데 어느 날 딸이 써놓은 쪽지를 보고 변화를 결심합니다. 이제까지의 대본 대신 '완벽하지 않아도 좋아' '부족하면 개정판으로 보완하면 되잖아'라는 새로운 역할에 도전한 것입니다. 이것을 임주리 코치는 구 버전 OS를 버리고, 신 버전 OS로 업데이트하는 것이라고 설명합니다. 사람들이 같은 실수를 반복하는 것도 의지력의 문제가 아니라 '멘탈OS'가 지금, 여기와 맞지 않기 때문입니다. 우리는 이 책을 통해 과거의 상처와 좌절에 현혹되지 않는 견고한 멘탈 디자이너로 거듭날 수 있게 될 것입니다. '그냥 살던 대로 살까?'라는 악마의 속삭임에 흔들리는 분들께 강력히 추천합니다.

강래경, (사)한국강사협회 회장

글로벌 기업 현장의 리더가 발견한 변화의 진짜 열쇠

삼성전자에서 30여 년간 임원으로 재직하며 글로벌 현장에서 수많은 변화와 도전을 이끌어온 경험, 그리고 현재 더마크월드 대표로서 LEGO® SERIOUS PLAY 기반 프로그램을 운영하며 개인과 조직의 성장을 지원해온 코치로서, 저는 임주리 코치의 이 책을 누구보다 깊이 공감하며 추천합니다.

이 책은 단순한 자기계발서가 아닙니다. 내면의 깊숙한 곳에 자리 잡은 '구 버전 멘탈 OS'를 발견하고 업데이트하는, 구체적이고 실질적인 안내서입니다. 삼성전자 재직 시절, 저 역시 수많은 리더와 직원들이 성과 압박 속에서 완벽주의, 비교, 회피, 통제와 같은 무의식적 패턴에 사로잡혀 성장이 가로막히는 모습을 목격했습니다.

그 과정에서 제가 깨달은 것은, 진정한 변화를 이끄는 핵심은 기술이나 전략이 아니라 바로 '마음의 설계'라는 점이었습니다. 임주리 코치가 제시하는 멘탈디자인 접근법은 이러한 깨달음을 과학적이고 체계적인 방법론으로 정리해 낸 탁월한 성과입니다.

특히 저자가 자신의 완벽주의 패턴을 직면하며 20년간 미뤄왔던 책 쓰기를 완성한 이야기는 많은 독자들에게 용기와 희망을 줄 것입니다. 현장에서 검증된 이 방법론은 개인의 삶뿐만 아니라 조직의 성과와 공동체의 건강성까지 끌어낼 수 있는 강력한 도구입니다. 변화와 성장을 꿈꾸는 모든 이들에게 자신 있게 권합니다.

송성원, ㈜더마크월드 대표, 전 삼성전자 / HP 부사장, 코치

마음을 잃어버린 이들에게 건네는 따뜻한 손길 같은 한 권

푸름이 교육연구소에서 '예쁜쥴호수맘'으로 불리며 푸름이 정신으로 아이를 품어온 임주리 코치를 저는 오래전부터 기억합니다. 그는 늘 아이와 눈을 맞추며, 부모로서의 기쁨과 아픔, 성장과 흔들림을 가슴 깊이 받아들이던 사람이었습니다. 그 시간이 켜켜이 쌓여 이제는 수많은 부모와 사람들에게 위로와 용기를 건네는 목소리로 다가오고 있습니다.

이 책은 그의 삶과 고백, 그리고 치유의 기록입니다. 아이를 키우며 찾아오는 불안, 관계 속에서 겪는 갈등, 스스로에게 던지는 가혹한 말들… 누구나 겪는 그 순간에도 악마의 속삭임은 우리를 흔듭니다. 하지만 주리 코치는 그 속삭임에 휘둘리지 않고 자기 마음을 단단히 세워가는 법을 보여줍니다.

책을 읽다 보면, 한 사람의 어머니이자 한 명의 코치로서 그가 흘린 눈물과 웃음이 고스란히 전해집니다. 화려한 이론보다 따뜻한 일상의 이야기, 거창한 해답 대신 삶으로 빚어낸 작은 길잡이가 우리를 감싸 줍니다.

저는 이 책이 단순한 심리서가 아니라, 마음을 잃어버린 이들에게 건네는 따뜻한 손길이라고 생각합니다. 흔들리고 지쳐 있을 때, 이 책은 우리에게 다시 자신을 믿고 설계해 나갈 수 있다는 용기를 선물할 것입니다.

최희수, 푸름이 교육연구소 명예소장

'지혜로운 설계도' 역할을 하는 저자의 멘탈에 대한 이해와 적용

영화사 설립 후 20년이 지났습니다. 이젠 좀 영화제작에 관해 알 만도 하지만, 매번 개봉할 때마다 맘에 드는 좋은 성과를 기대해 보지만, 그게 말처럼 되지 않아 늘 힘이 듭니다. 그리고 그때마다 속칭, '멘탈이 무너져 흘러내렸습니다.' 그리고 올해는 특히 힘들었습니다. 그러던 중 이 책을 읽게 되었습니다.

이 책을 읽기 전까지는 멘탈에 대해 '나는 멘탈이 강하지는 않아. 그렇지만 약하지도 않지'정도로만 여겼습니다. 한마디로 무지했습니다. 그런데, 이 책을 읽고 관점이 바뀌면서 속 시끄러운 이슈들이 사라지는 신기한 경험을 했습니다. 멘탈은 강한 것도, 약한 것도 아니었습니다. 센 친구도 있고, 약한 친구도 있는 것처럼 늘 강하고 멋지고 남 앞에 내놓아도 자랑할 만한 친구만 있다면 그것도 좋겠지만, 수줍고 약하며 머뭇거리는 친구라 한들, 뭐가 아쉬울까 싶습니다. 멘탈은 나의 친구입니다. 이제 그 친구가 어떻게 나랑 헤어질 수 없는 한 팀이 되어가는지, 그 과학적 원리까지 이해하게 되니 눈물이 핑 돌았습니다.

'아 그래서 그때 그랬구나.'

'앞으로는 이렇게 해보고 싶다!'

'이렇게 하면 되겠구나!'

'나랑 한평생 한 팀으로 살아갈 나의 멘탈은 이제 내가 어떤 용기와 마음가짐을 먹는가에 따라 얼마든지 달라질 수도 있구나!'

저자가 20년간 현장에서 온 몸으로 부딪혀 얻어낸 멘탈에 대한 이해와 적용은 우리에게 '지혜로운 설계도'로서의 역할을 하고 있습니다. 이 설계도를 믿고 차분히 따라가다 보면, '이전과는 다른 나의 멘탈을 새롭게 찾는 유레카'를 저처럼 경험하게 될 것입니다.

강혜정, 영화사 외유내강 대표

PROLOGUE
당신 내면의 단단한 멘탈을 믿고
나아가는 힘찬 여정

20년 차 변화 전문가인 내가 왜 매번 같은 실수를 반복했을까?

"엄마, 오늘도 늦으셨네요. 엄마랑 함께 이야기하고 싶어서 기다렸는데…
다른 사람들은 다 변화시키면서 엄마 자신은 왜 못 바꾸시는 거예요?"

새벽 1시, 일을 마치고 돌아온 집 거실 탁자 위에서 딸이 써놓은 쪽지 한 장을 발견하고는 순간 얼어붙었다. 20년간 수많은 사람들의 변화를 이끌어온 전문코치였던 내가 정작 가장 소중한 사람들 앞에서는 같은 실수를 되풀이하고 있었던 것이다. "아니야, 이번 주만 바쁜 거야. 다음 주부터는 정말…."

그런데 바로 그 순간, 문득 그 말을 몇 년째 반복하고 있다는 생각이 머리를 스쳤다. 매주 월요일마다 '이번 주는 일찍 들어가야지'라고 다짐하지만, 어느새 또 새벽에 귀가하는 나 자신을 발견하곤 했다. 분명 의식적으로는 가족과 보내는 시간이 중요하다고 여기면서도 몸은 자동으로 야근을 선택하고 있었던 거다. 그날 밤, 좀처럼 잠을 이루지 못하고 뒤척이다가 스스로에게 조용히 물었다.

"나는 왜 같은 실수를 반복하는 걸까? 수많은 사람을 변화시켰던 내가 변하지 못하는 이유는 무엇일까?"

이런 경험, 낯설지 않으시죠?

아침에 눈을 뜨며 '오늘은 아이에게 차분하게 말하자'라고 다짐했는데, 저녁에는 또 아이에게 화를 내고 말았던 날. 다이어트를 시작하며 간식을 끊겠다고 결심했지만, 야근 후 허탈함에 무심코 야식을 시켜 먹고 말았던 밤. 사람들에게는 "잘 쉬어야 집중력이 높아진다"라고 말해놓고 정작 본인은 주말에도 쉬지 못했던 날들…. 만약 이런 경험이 익숙하다면, 이 책은 진짜로 당신에게 필요하다.

왜냐하면 그런 일들이 의지력이 약해서 벌어진 게 아니기 때문이다. 필자의 고객 중 한 분인 수진 씨(42세, 대기업 임원)의 하루를 예로 들어 살펴보겠다. 아침 7시, 팀장의 표정이 조금 굳어 보이자, '내가 뭔가 잘못했구나'라는 생각이 자동으로 튀어나온다. 오전 10시, 동기의 승진 소식에 '나는 왜 뒤처지지?'라는 불안감이 순식간에 밀려온다. 오후 3시, 프로젝트가 부정적인 피드백을 받자 자책감이 조건 반사적으로 일어난다. 수진 씨는 대기업 임원으로서 충분한 능력과 권한을 가지고 있다. 하지만 그녀의 하루는 마치 누군가 다른 사람이 조종하는 것처럼 흘러간다. 그 정체가 바로 우리 마음속에 숨어있는 '악마의 속삭임'이다.

선한 의도로 만들어진 악마의 속삭임

'또 실패할 거야', '넌 안 돼', '완벽하지 않으면 안 돼', '포기해', '어차피 소용없어' 등 이런 악마의 속삭임들이 마치 구 버전 OS의 오류 메시지처럼 우리 머릿속에서 끊임없이 울려 퍼진다. 가장 무서운 것은 우리가 이런 소리를 듣고 있다는 것조차 모른다는 사실이다.

하지만 여기서 중요한 사실 하나를 알아차려야 한다. 이러한 속삭임들은 사실 어린 시절, 우리 마음에 설치된 '심리적 보안 프로그램'이 하는 말들이라는 것이다. 마치 집 안에 보안 시스템을 설치하는 것처럼 어린 우리는 상처받지 않으려고, 사랑받기 위해, 안전하려고 이런 보안 프로그램을 마음속에 만들어두었다. 원래 이 모든 프로그램은 우리를 보호하고자 선한 의도로 만들어졌다.

하지만 여기에 치명적인 문제가 있다. 아주 오래전에 미숙한 어린 아이가 만든 어설픈 보안 프로그램을 가지고 지금의 복잡한 상황과 문제를 처리하려다 보니, 시스템 충돌과 오작동이 끊이지 않는다는 점이다. 우리는 깨어있는 것 같지만, 잠들어 있는 것과 같다. 실제로는 전체 맥락을 다 파악할 수 없는 어린아이가 만들어놓은 낡은 보안 프로그램에 조종당하며 살아가고 있었던 것이다. 그렇다면 나의 마음에는 언제, 어떤 보안 프로그램이 설치된 것일까? 그 순간 40년 전의 잊고 있던 기억이 선명하게 떠올랐다.

회초리와 전교 2등의 기억

지금에 와서 생각해보면 시골의 작은 초등학교에서의 등수가 뭐 그리 대수였을까 싶지만, 평생 배움에 한이 맺히셨던 우리 아버지에게는 중요한 문제였던 것 같다. 필자가 초등학교 6학년이었을 때 동생이 전교 1등, 내가 전교 2등을 한 적이 있다. 그날 저녁 나는 언니 자격이 없다고 회초리를 맞고 동생에게 '언니'라고 불러야만 했다.

그 순간 열두 살 아이의 뇌에는 '완벽해야 해. 일등이 아니면 사랑받지 못해. 남들과 비교당하면 안 돼'라는 하나의 명확한 공식이 새겨졌다. 그런데 문제는 40년이 지난 지금까지도 그 공식이 무의식의 깊숙한 곳에서 백그라운드 프로그램처럼 돌아가고 있다는 것이다. '더 완벽히 해야 해', '더 열심히 해야 해', '부족한 모습을 들키면 안 돼'와 같은 자동 명령어들이 나를 끝도 없는 밤샘으로 몰아넣고 있었다.

20년간 책을 못 쓴 진짜 이유

더 충격적인 깨달음도 있었다. 내가 20년간 변화 전문가로 활동하면서도 책 한 권을 제대로 못 쓴 이유가 바로 그렇다. 사람들은 '바빠서겠지', '쓰고 싶은 마음이 없을 수도 있지'라고 생각했지만, 진짜 이유는 따로 있었다. '내 부족함이 드러나면 어떡하지?', '다른 전문가들과 비교당하면 어떡하지?', '완벽하지 않으면 안 되는데, 나는 아직 부족해' 등 40년 전 그 회초리를 맞았던 아이가 여전히 내 안에서 떨고 있던 것이다.

놀랍게도 나는 그동안 삶의 많은 영역에서 멘탈디자인을 활용해왔지만, 책 쓰기는 아직 손대지 않은 미지의 영역이었다. 마치 집 안에 아직 열어보지 않은 방이 하나 있는 것처럼 말이다. 다른 사람들의 완벽주의 패턴은 척척 분석하고 해체해 주면서도, 정작 책 쓰기에 대한 나의 완벽주의만큼은 정말 바빠서 못쓰는 줄 알고 나조차도 나에게 속고 있었다.

그런데 딸의 쪽지를 계기로 이 미지의 영역을 탐험하기 시작했더니, 정말 신기한 일이 벌어졌다. 책 쓰기는 막상 시작하니 너무 재미있고 신이 나서 자꾸자꾸 쓰게 되었고 이를 깨달았다. 아직도 내 안에는 탐험해보지 못한 미지의 영역이 얼마나 많은지에 대해서 말이다. 그 영역을 내가 원하는 모습으로 디자인할 수 있다고 생각하니 얼마나 설레는지 모른다. 이것이 바로 멘탈디자인의 진짜 매력이다.

딸의 쪽지를 본 그날, 드디어 나는 결심했다. '완벽하지 않아도 좋으니 시작하자! 부족해도 도와줄 사람들이 있을 거야. 개정판으로 보완하면 되잖아.' 그 순간 또 다른 깨달음이 왔다. 나는 지금까지 완벽주의라는 구 버전 OS로 살아왔고, 이제 실용주의라는 새로운 OS로 업데이트할 때가 되었다는 것을 말이다. 멘탈디자인을 스스로에게 적용하는 순간, 20년간 꽉 막혔던 길이 열리기 시작했다.

멘탈디자인으로 깨달은 출간의 용기

그 후 나는 나의 완벽주의 OS에 집중하기 시작했다. 그리고 놀라운 발견을 했다. 20년간 책을 못 쓴 이유가 바로 '완벽주의 OS와 비교 OS 때문이었다'는 사실을 말이다. '완벽하지 않으면 비판받을 거야', '다른 전문가들보다 부족하면 어떡하지?'라는 두 개의 OS가 내 안에서 책 쓰기를 완전히 차단하고 있었던 것이다.

그제야 나는 이 두 OS를 새롭게 디자인하기 시작했다. '완벽하지 않아도 누군가에게 도움이 될 수 있다', '비교가 아닌 기여에 집중하자'라는 새로운 멘탈로 말이다. 그 결과가 바로 지금 여러분이 읽고 있는 이 책이다. 완벽하지는 않지만 용기를 내어, 부족할 수 있지만 진정성을 담아서! 이것이 바로 여러분께 전하고 싶은 멘탈디자인의 첫 번째 메시지다.

멘탈디자인이라는 새로운 발견

멘탈디자인이란 '내 마음을 내가 원하는 대로 설계하는 기술'이다. 마치 컴퓨터의 운영체제를 업데이트하듯이, 어린 시절부터 만들어진 구 버전 멘탈 OS를 현재에 맞게 새롭게 디자인하는 것이다. 우리가 매번 같은 실수를 반복하는 이유는 의지력이 부족해서가 아니다. 어린 시절부터 차곡차곡 설치된 구 버전 OS가 어른의 복잡한 현실을 처리하려고 하기 때문이다. 만약 오래된 컴퓨터 프로그램으로 최신 소프트웨어를 돌리려고 한다면 어떤 결과가 나타날까? 당연히 시스템 오류가 발생하고, 프로그램이 멈추며, 예상치 못한 결과가 나타날 것이다. 우리 마음도 마찬가지다. 당신의 하드웨어(본질적인 당신)는 전혀 문제가 없다. 다만 소프트웨어(멘탈 OS)를 알맞게 업데이트해야 한다.

멘탈디자인 4단계 시스템

이 책에서 제시하는 멘탈디자인은 4단계 시스템으로 구성되어 있다. 앞으로 알아볼 멘탈디자인 4단계의 개념을 간략하게 설명하겠다.

1단계 패턴 분석: 마치 컴퓨터의 '시스템 정보'를 확인하듯 현재 돌아가고 있는 멘탈 OS의 버전을 정확히 파악하는 단계다.

2단계 패턴 해독: 마치 CSI 과학수사팀처럼 패턴의 기원을 찾아가는 단계다. 어린 시절부터 차곡차곡 설치된 여러 버전의 OS들이 '언제,

왜, 어떤 선한 의도'로 만들어졌는지 이해하게 된다.

3단계 패턴 해체: 구 버전 OS의 자동 실행을 멈추는 단계다. 구 버전 OS가 자동으로 실행되려고 할 때마다 잠시 멈춰서 오작동하는 백그라운드 앱들을 정리한다.

4단계 패턴 리디자인: 구 버전 OS를 제거하는 것에 그치지 않고, 현재의 나에게 최적화된 새로운 OS를 설계하고 설치하는 단계다. 여기서 평생 자동 업데이트되는 자기 돌봄 시스템이 완성된다. 이 4단계는 선형적으로 진행되지 않고 나선형처럼 반복되며 깊어진다. 한 번 거치고 끝나는 것이 아니라, 삶의 다양한 영역에 끊임없이 적용하며 멘탈 시스템을 정교하게 업그레이드해 나가게 된다.

당신만을 위한 특별한 초대

이 책이 당신의 성장에 특별한 계기가 되길 희망한다. 오직 당신 자신만을 위한 거울로 삼아 이 책을 읽고 실천하기 바란다. 마치 개인 트레이너와 함께 운동하듯이 당신의 내면을 들여다보고 성찰하는 전용 도구로 여기는 것이다. '저 사람은 피해의식이 심하네', '완벽주의가 문제네' 등 타인을 나의 잣대로 분석하는 순간, 이 책의 마법은 사라져버린다. 진짜 변화는 남을 바꾸려고 할 때가 아니라, 나 자신을 이해할 때 시작되기 때문이다.

우리는 모두 저마다의 이유로 지금의 마음을 가지게 되었다. 그 마음 안에는 각자만의 이야기와 상처가 숨겨져 있다. 이 책이 서로를 판단하는 도구가 아니라 서로를 이해하고 연민하는 다리가 되기를, 그리고 무엇보다 당신 자신에게 가장 따뜻하고 든든한 변화의 동반자가 되기를 진심으로 바란다. 자, 이제 당신만의 멘탈디자인 여정을 시작할 준비가 됐는가?

실패 전문가야말로 변화의 최적 후보

여기 놀라운 사실이 하나 있다. 매번 실패를 경험한 사람일수록 뇌의 변화 가능성이 더 높다는 것이다. 왜일까? '이대로는 안 된다'는 절박함이 변화를 이끄는 가장 강력한 동력이 되기 때문이다. 성공한 사람들은 '굳이 왜 바꿔?'라고 생각하지만, 실패를 반복한 당신의 뇌는 이미 변화에 목말라하고 있다. 더 놀라운 것은 실패의 경험이 많을수록 '패턴 인식 능력'이 뛰어나다는 점이다. 내가 실수했을 때 '아, 또 이 패턴이구나'를 더 빨리 알아차릴 수 있다는 말이다. 실패를 반복한 당신은 이미 변화를 위한 최고의 자산을 가진 셈이다. 매번 실패했던 과거는 이제 당신의 변화를 이끌 가장 큰 자산이다.

이 책이 당신에게 약속하는 것

이 책을 통해 당신은 '자신만의 멘탈디자이너'가 될 것이다. 더는 과거의 상처나 실패가 현재의 당신을 좌지우지하지도 못한다. 악마의 속삭임이 들려와도 흔들리지 않는 견고한 멘탈을 스스로 디자인할 수 있게 될 것이다.

첫 주에는 감정이 폭발하기 직전의 나를 멈추어 세우는 경험을 하게 된다. '아, 지금 자동 모드가 작동되는구나' 하는 자각의 순간이 점점 늘어날 것이다. 한 달 후에는 예전 같으면 폭발했을 상황에서도 냉정함을 유지하게 된다. 가족이나 동료들도 "뭔가 달라졌어"라고 말하기 시작한다. 3개월 후에는 완전히 새로운 자기 돌봄 시스템이 설치되어 자동으로 자신을 격려하고 지지하는 내면의 목소리를 듣게 된다. 그리고 6개월 후에는 '이전의 나로 돌아가고 싶지 않다'라는 확신과 함께 평생 멘탈디자이너로서의 정체성을 가지게 될 것이다.

지금 이 순간부터 시작하는 당신의 변화

잠깐, 여기서 스스로에게 질문해보기 바란다. 지금 당신이 가장 바꾸고 싶은 악마의 속삭임은 무엇인가? '또 실패할 거야?'인가? '너는 안 돼!'인가? '완벽하지 않으면 안 돼!'인가? 바로 그 속삭임이 또다시 들려오려는 순간, 잠시만 멈추어보기 바란다. 억지로 바꾸려 하지 말고, 꾹 참으려 하지도 마라. 그냥 잠시 멈춰서 '아, 지금 구 버전 OS의 오류 메시지가 들리고 있구나'라고 조용히 알아차리기만 하면 된다. 그 멈춤이 바로 우리 인생의 새로운 갈림길이 된다.

이제는 방법을 바꿔보기 바란다. 더 이상 의지력에만 의존하지 말고 멘탈디자인을 설계하라. 참지 말고, 시스템을 바꿔본다. 완벽히 하려고 들지 말고, 조금씩 업데이트해 나가라. 당신의 하드웨어는 이미 완벽하다. 이제 소프트웨어만 업데이트하면 된다.

자, 이제 함께 당신만의 멘탈디자인을 시작해볼까? 악마의 속삭임에도 흔들리지 않는 새로운 당신을 만나러 갈 시간이다.

임주리

목 차

프롤로그 당신 내면의 단단한 멘탈을 믿고 나아가는 힘찬 여정   14

1단계: 패턴 분석 – 자동조종장치 발견하기

1장 | 현재 멘탈 OS 버전 체크하기   32
내가 지금 쓰고 있는 시스템 분석   33
무의식의 95%가 나를 지배한다는 충격적 진실   36
정확하지만 편파적이고 취향저격형인 뇌 속 개인 비서   38
빨간색 vs. 파란색, 3분 테스트의 비밀   41
솥뚜껑이 자라로 보이는 순간   44
풀숲에서 고속도로까지: 뇌 패턴 형성의 과학   47
내 안의 다섯 가지 구 버전 OS 발견하기   50
감정-사고-행동 설계도 루프   54
멘탈핏 오류: 겨울옷을 입고 여름을 나는 어리석음   57
자동조종장치를 인식하는 순간, 변화가 시작된다   60
1장을 마치며: 시스템 진단 완료   63

2장 | 자동 실행되는 다섯 가지 구 버전 OS   68
어린 시절부터 설치된 프로그램들   69
첫 번째 구 버전 OS: 완벽주의 2.0   71
두 번째 구 버전 OS: 피해의식 2.0   75
세 번째 구 버전 OS: 회피 2.0   79
네 번째 구 버전 OS: 통제 2.0   82
다섯 번째 구 버전 OS: 비교 2.0   85
구 버전 OS들의 상호작용과 시스템 과부하   89
OS별 트리거 맵핑: 언제 어떤 프로그램이 켜지는가?   91
구 버전 OS의 숨겨진 기능: 왜 우리는 이것들을 유지하는가?   93
2장을 마치며: 시스템 진단의 완료와 다음 단계 예고   95

2단계: 패턴 해독 – 구 버전 OS의 기원 추적하기

3장 | CSI 과학수사로 패턴 뿌리 찾기 — 100
언제, 왜 이 시스템을 설치했는지 기록 찾기 — 101
어린 시절의 아이가 결정한 어른의 인생 — 102
상황별로 다른 어린아이가 등장하는 신비 — 104
뇌과학이 밝혀낸 어린 시절 기억의 비밀 — 106
6초의 발견과 변화의 갈림길 — 110
멘탈 수사팀의 과학수사: CSI처럼 패턴 기원 추적하기 — 113
4차원 DNA 해독법: 패턴의 완전한 지도 — 116
원초적 자라 경험: 최초의 상처가 패턴이 되는 과정 — 123
감정 기억의 위력과 신경 경로 추적 — 126
부모님도 상처받은 아이였다는 이해 — 129
3장을 마치며: 자기 비난에서 자기 이해로의 여행 — 132

4장 | 선한 의도와 보호 목적 이해하기 — 136
구 버전 OS에게 감사하고 새로운 협력 제안하기 — 137
왜 패턴을 미워하면 더 강해질까? — 139
내가 몰랐던 다섯 가지 경비견들의 진짜 모습 — 142
디스카운트의 숨겨진 비밀: 왜 우리는 스스로를 깎아내릴까? — 149
독설가의 진짜 정체: 상처받은 어린 시절의 목소리 — 154
내면의 독설가와 수호천사 만들기 — 157
패턴과의 협력 관계 맺기: 구체적인 대화법 — 159
자기 연민: 내가 나에게 하는 가장 큰 선물 — 163
자기 연민의 세 가지 핵심 요소 — 165
세대적 상처의 치유: 내가 사슬을 끊는 치유자가 되는 순간 — 167
4장을 마치며: 적대자에서 협력자로의 완전한 전환 — 171

3단계: 패턴 해체 - 백그라운드 앱 정리하기

5장 | 구 버전 OS 안전 제거하기   176
- 오작동하는 프로그램 정리하기   177
- 6초 재부팅: 감정뇌에서 이성뇌로 시스템 전환   178
- 3-3-3 긴급 진정법, 멘탈 응급처치   183
- LP판 홈에 빠진 바늘, 반복 패턴의 무한 루프   187
- 정서적 안전지대의 아이러니와 자기충족적 예언의 악순환   190
- 변화 저항 = 보안 경고, 새 시스템 설치 시 뜨는 경고창   193
- 작업 관리자, 현재 실행 중인 감정 프로세스 모니터링   197
- 오작동 프로그램 강제 종료와 시스템 최적화하기   202
- **5장을 마치며: 첫 번째 자유의 맛**   206

6장 | 관계 앱 호환성 문제 해결하기   210
- 사람들과의 연결 오류 수정하기   211
- 관계도 앱이다: 두 OS가 만나는 순간   212
- 앱 간 충돌의 과학: 상호보완적 패턴의 함정   214
- 드라마 삼각형: 관계 앱의 악성 프로그램   217
- 바이러스 전염 차단: 부정적 영향을 차단하는 방화벽 설치   220
- 안전한 대화 4단계 스크립트: 호환성 개선 프로토콜   223
- 네트워크 연결 진단: 관계별 호환성 점검   226
- 관계별 특수 상황 대처법: 상황별 호환성 솔루션   231
- 관계 OS 업그레이드 실전 시나리오: 상황별 솔루션 가이드   235
- 관계 패턴 진단 도구: 나와 상대방의 OS 매핑   241
- 갈등 예방 시스템: 문제가 되기 전에 미리 대처하기   245
- 회복탄력성 강화: 갈등 후 관계 복구 전략   249
- 상처의 치유와 신뢰 회복   251
- 갈등을 관계 강화의 기회로 활용하기   253
- 소통 도구와 기법들: 관계별 맞춤형 솔루션   255
- 디지털 시대의 관계 관리: 온라인 소통의 특수성   259
- 관계의 성장 단계별 전략: 발전하는 관계 관리법   262
- 관계 네트워크 최적화: 전체적인 관계 생태계 관리   266
- **6장을 마치며: 혼자서 완벽할 필요는 없다**   270

4단계: 패턴 리디자인 - 수호천사 OS 최신 버전 설치하기

7장 | 수호천사 OS 최신 버전 업데이트 — 276
자기 돌봄 최적화 시스템 설치 — 277
내 마음에 사는 두 가지 존재의 발견 — 279
파트 1: 독설가의 정체 발견하기 — 281
파트 2: 내면의 독설가들을 수호천사로 전환하기 — 284
파트 3: 우주의 부모님 되기 — 290
수호천사 대화법 실습 — 293
세대적 상처의 사슬을 끊는 치유 — 295
수호천사 OS의 작동 원리 — 297
자동 업데이트 시스템의 구축 — 300
수호천사 대화 실행 가이드 — 302
수호천사 습관 만들기 — 308
7장을 마치며: 새로운 정체성의 탄생 — 310

8장 | 평생 자동 업데이트 시스템의 완성 — 314
지속적으로 발전하는 멘탈 OS 관리 — 315
파트 1 수호천사 기본 사용법: 하루 1번, 3분만 — 316
파트 2 고장 나면 AS센터: 완벽하지 않아도 계속 가면 된다 — 322
파트 3 가족용 설정: 사랑의 대물림 시작하기 — 326
파트 4 멘탈 근육 유지 관리법 : 현실적 기대치와 지속적 관리 — 332
8장을 마치며: 평생 업데이트 시스템 가동 준비 완료 — 341

에필로그 평생 멘탈디자이너가 된 당신에게 — 344

1단계: 패턴 분석

— 자동조종장치 발견하기

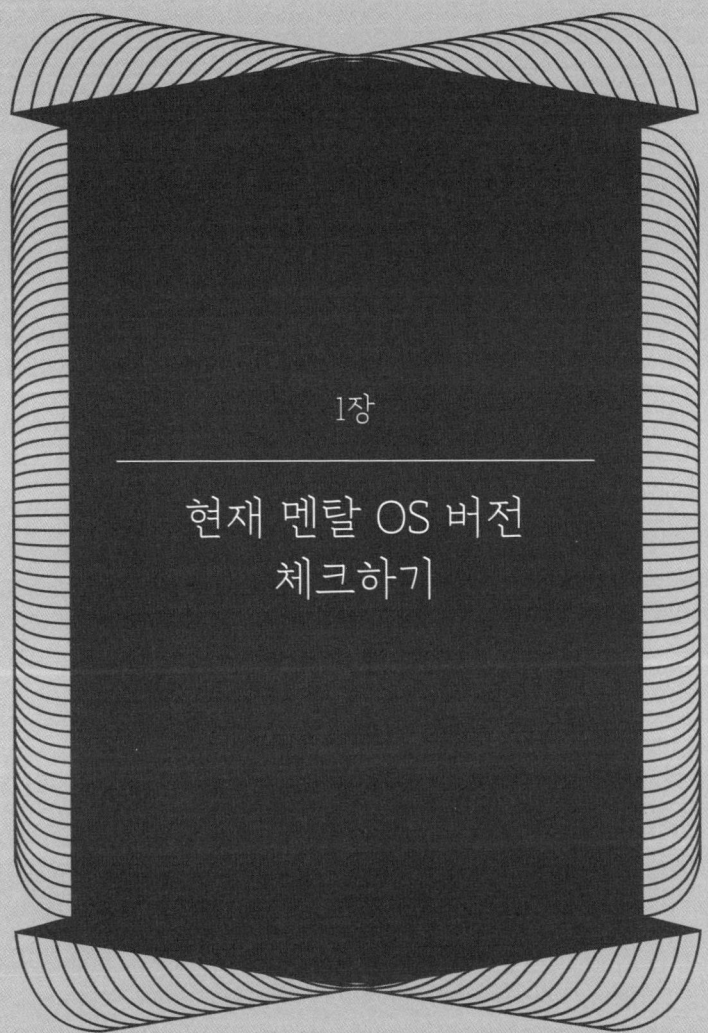

1장

현재 멘탈 OS 버전
체크하기

내가 지금 쓰고 있는 시스템 분석

아침에 눈을 뜨자마자 스마트폰을 확인하는 당신. 비밀번호를 입력하기도 전에 이미 머릿속에는 하루의 걱정거리들이 자동으로 업로드되기 시작한다. '오늘 발표, 잘할 수 있을까?', '어제 실수한 일 때문에 혼나는 거 아냐?', '또 야근하게 되면 어떡하지?' 이런 생각들이 마치 컴퓨터가 부팅되면서 백그라운드 프로그램들이 자동으로 실행되듯이 당신의 하루를 점령한다.

　스마트폰에 오류가 생겼을 때, 우리는 뭐부터 할까? 가장 먼저 '설정 ⇨ 일반 ⇨ 정보'로 들어가서 현재의 운영체제 버전을 확인한다. iOS 18이어야 하는데 아직 iOS 15를 쓰고 있다면, 당연히 최신 앱들이 제대로 돌아가지 않을 것이다. 우리 마음도 마찬가지다. 지금 당신이 사용하고 있는 '멘탈 OS'는 언제적 버전인가? 최첨단 시대인 오늘의 현실을 처리하기에 최적화된 멘탈OS가 업데이트되어 있는지 점검해 볼 시간이다.

하지만 여기서 놀라운 사실 하나를 먼저 알려주겠다. 당신이 지금까지 '내가 의식적으로 살고 있다'라고 생각했던 그 믿음이 사실은 거대한 착각일 수도 있다는 것이다.

무의식의 95%가
나를 지배한다는 충격적 진실

하버드 대학교의 뇌과학 연구팀이 발표한 결과는 우리에게 충격적인 사실을 알려준다. 우리가 하루 동안 내리는 수만 개의 결정 중 무려 95%가 무의식적인 자동 반응에 의해 결정된다는 것이다. 다시 말해, 당신이 '의식적으로' 살고 있다고 생각하는 순간들은 실제로는 겨우 5%에 불과하다는 뜻이다. 나머지 무의식 95%는 마치 컴퓨터의 백그라운드 프로그램처럼 당신이 인식하지도 못하는 사이 조용히 돌아가며 당신의 하루를 좌지우지하고 있다. 이것이 바로 우리가 매번 같은 실수를 반복하고, 매번 같은 패턴에 빠지며, 매번 '이번에는 달라질 거야!'라고 다짐해도 결국 똑같은 결과에 직면하게 되는 근본적인 이유다. 의지력이 문제가 아니라, 시스템의 문제였던 것이다.

그렇다면 이 무의식적 자동 프로그램들은 언제 설치된 것일까? 대부분 어린 시절부터 차곡차곡 설치된 것들이다. 어릴 때 위험한 상황에서 조용히 숨어있으니 더 이상 혼나지 않았다면, 그 순간 '위험하면 숨으면 돼'라는 안전 OS가 설치된다. 무엇인가를 완벽하게 잘했을 때만 칭찬받았던 경험은 '완벽해야 인정받는다'는 완벽주의 OS가 된다. 이런 식으로 수십 년간 축적된 구 버전 OS들이 지금도 백그라운드에서 열심히 돌아가고 있다.

하지만 문제는 이 OS들이 설치된 지 너무 오래됐다는 것이다. 어린 시절의 환경과 현재 성인으로서의 복잡한 현실 사이에는 엄청난 차이가 있는데, 우리는 여전히 구 버전 OS로 최신 상황들을 처리하려고 한다는 데 문제가 있다.

우리 뇌는 이렇게 자동화를 선호하는데, 그 이유는 에너지 효율성 때문이다. 뇌는 우리 몸 전체 에너지의 20%를 소모하는 대식가이다. 그래서 가능한 한 에너지를 절약하려고 한다. 한 번 학습된 패턴은 자동으로 실행하는 것이 에너지를 훨씬 덜 소모하기에 뇌는 새로운 습관보다 기존 패턴을 10배나 더 강하게 선호한다. 이것이 바로 '3일 된 다이어트 계획이 3년 된 습관에 3초 만에 무너지는 이유'이기도 하다. 의지력 문제가 아니라, 뇌는 자동으로 작동하고 있을 뿐이다.

정확하지만 편파적이고
취향저격형인 뇌 속 개인 비서

우리 뇌에는 놀라운 개인 비서가 하나 있다. 이 비서는 구글보다도 정확하고 빠르지만, 한 가지 치명적인 문제가 있다. 극도로 편파적이고 취향저격형이라는 것이다. 이 비서는 뇌간에 위치한 연필 크기만 한 신경 다발인데, 그 작은 크기에도 불구하고 우리 현실 인식에 절대적인 영향을 미친다. 이 비서는 초당 1,100만 비트의 정보를 받아들이지만, 이 중에서 당신의 의식으로 전달하는 정보는 고작 40비트다. 0.000004%만 걸러서 보여주는 것이다.

그런데 이 필터링 기준이 바로 당신이 '이미 믿고 있는 것'이다. 만약 당신이 '나는 운이 없어'라고 믿고 있다면, 이 편파적인 개인 비서는 온종일 그 믿음을 뒷받침할 증거들만 열심히 수집해서 가져다준다. 지하철이 연착되는 것, 카페에서 주문이 늦어지는 것, 비가 오는 것, 심지어 신호등이 빨간불로 바뀌는 것까지도 '역시 내 운은…'이라는 확신을 강화하는 데이터로 활용된다. 반대로 같은 하루에도 분명히 좋은 일들이 있었을 텐데, 이 비서는 그런 정보들은 과감히 필터링해서 차단해버린다. 당신의 기존 믿음과 맞지 않기 때문이다. 이것이 바로 '확증편향'의 뇌과학적 메커니즘이다.

더 무서운 것은 이 개인 비서가 단순히 정보를 걸러서 보여주는 것에 그치지 않는다는 점이다. 이 비서는 우리가 무엇에 주의를 기울이고, 무엇을 기억하며, 심지어 무엇을 경험할지까지 결정한다. 예를 들어, 임신한 여성은 갑자기 임산부들이 많이 보이기 시작하고, 새 차를 사면 길에서 같은 차종이 자주 눈에 띈다. 임산부나 그 차들이 갑자기 늘어난 게 아니라, 뇌 속 개인 비서가 관심사에 따라 주의를 기울이는 대상을 바꾼 것이다. 이는 이 비서가 우리의 관심과 기대에 따라 현실을 재구성한다는 것을 의미한다. 그래서 '믿는 대로 보인다'는 말은 단순한 격언이 아니라 뇌과학적으로 사실이다.

뇌 속 개인 비서를 이해하면 왜 같은 상황에서도 사람마다 완전히 다른 해석을 하는지 알 수 있다. 회사에서 상사가 아무 말 없이 지나간다고 했을 때, 한 사람은 '바쁘구나'라고 여기지만 다른 사람은 '나를 무시하는구나'라고 해석한다. 같은 상황, 같은 자극인데도 완전히 다른 현실을 경험하는 것이다. 이는 각자의 개인 비서가 다른 기준으로 정보를 필터링하기 때문이다. 그리고 이 필터링 기준은 대부분 어린 시절의 경험을 통해 형성된 무의식적인 신념들로 구성되어 있다.

빨간색 vs. 파란색, 3분 테스트의 비밀

지금 당장 간단한 실험을 해보겠다. 주변을 둘러보며 빨간색으로 된 모든 것들을 찾아보길 바란다. 빨간색 옷, 빨간색 책, 빨간색 소품, 빨간색 글씨, 빨간색 포장지…. 3분 동안 집중해서 최대한 많이 찾아본다. 다 찾았는가? 이제 눈을 감고 방금 보았던 파란색 물건들을 기억해 보라. 몇 개나 기억이 나는가? 아마 거의 기억나지 않을 것이다. 분명히 파란색 물건들도 주변에 있었을 텐데 말이다. 이것이 바로 RAS(망상활성계Reticular Activating System)의 작동 방식이다. 우리가 의식적으로 관심을 두는 것만 선택적으로 인식하게 되는 것이다.

이 실험을 통해 우리는 놀라운 사실을 발견할 수 있다. 현실은 객관적으로 주어지는 것이 아니라, 우리가 무엇에 주의를 기울이느냐에 따라 주관적으로 구성된다는 것이다. 빨간색에 집중하는 순간,

파란색은 애초에 존재하지 않았던 것처럼 사라진다. 이는 우리 일상에서도 똑같이 일어난다. 만약 당신이 평소에 '나는 실패할 거야'라는 생각에 집중한다면, RAS는 온종일 실패의 징조들만 열심히 찾아서 가져다줄 것이다. 성공의 가능성이나 희망적인 신호들은 마치 파란색 물건들처럼 완전히 무시된다.

더 흥미로운 것은 이 '선택적 주의 현상'이 단순히 시각적인 것에만 국한되지 않는다는 점이다. 우리의 청각, 촉각, 심지어 기억과 상상력에까지 영향을 미친다. 예를 들어, '나는 사람들에게 인기가 없어'라는 신념을 가진 사람은 파티에 가서도 자신을 무시하는 신호들만 예민하게 포착한다. 누군가 말을 걸지 않으면 '역시 나에게 관심이 없구나', 대화가 끊기면 '내 얘기를 재미없어 하는구나', 웃음소리가 들리면 '혹시 나를 비웃는 건 아닐까?'라고 해석한다. 반면 같은 파티에서 다른 사람들의 친절한 미소, 관심 있는 눈빛, 포용적인 분위기는 완전히 걸러져서 인식하지 못한다.

이 실험은 또 다른 중요한 통찰을 제공한다. 우리가 무엇에 주의를 기울일지를 의식적으로 선택할 수 있다면, 경험하는 현실 또한 바꿀 수 있다. 빨간색에서 파란색으로 주의를 전환할 수 있듯이 '실패의 증거 찾기'에서 '성공의 가능성 발견하기'로 뇌 속 개인 비서의 검색 기준을 바꿀 수 있다는 뜻이다. 하지만 여기에는 한 가지 조건이 있다. 바로 '우리가 진정으로 믿어야 한다는 것'이다. 이 편파적인 개인 비서는 우리의 진짜 믿음에만 반응하기 때문이다.

솥뚜껑이 자라로 보이는 순간

'자라 보고 놀란 가슴 솥뚜껑 보고도 놀란다'는 속담을 들어본 적 있는가? 이 속담이야말로 우리 뇌의 패턴 매칭 시스템을 완벽하게 설명해준다. 한 번 자라에게 물린 사람은 둥글고 검은 솥뚜껑만 봐도 심장이 쿵쾅거리기 시작한다. 뇌가 '둥글고 검은 것 = 위험한 것'이라는 패턴을 학습했기 때문이다. 우리 일상에서도 이런 일은 끊임없이 벌어진다. 어린 시절 권위적인 어른의 무서운 표정을 경험했다면, 수십 년이 지나 직장 상사가 비슷한 표정을 지을 때마다 그때의 감정이 고스란히 재현된다. 상사는 그냥 집중하고 있을 뿐인데, 당신의 뇌는 '무서운 표정 = 위험 = 혼날 일이 생겼다'는 자동 해석을 돌리는 것이다.

이런 패턴 매칭은 순식간에 일어나기 때문에 의식이 개입할 틈이 전혀 없다. 이성적으로 '상사는 아버지가 아니야!'라고 생각하기도 전에 이미 몸은 긴장하고 목소리는 떨리기 시작한다. 이는 우리 뇌의 편도체Amygdala라는 부분이 작동하는 방식 때문이다. 편도체는 생존을 담당하는 원시 뇌로, '일단 살고 보자'는 원칙에 따라 움직인다. 그래서 위험할 수도 있는 상황에서는 이성적 판단을 기다리지 않고 즉시 경보를 울린다.

문제는 편도체가 과거와 현재를 구분하지 못한다는 점이다. 30년 전의 경험과 오늘의 상황을 똑같이 취급하며, 과거에 위험했던 것과 비슷한 패턴을 발견하면 무조건 경보를 울린다. 이것이 바로 '트라우마의 일반화 메커니즘'이다. 한 번 상처받았던 상황과 유사한 모든 상황을 위험으로 분류해버리는 것이다. 그래서 어린 시절, 엄마의 차가운 침묵에 상처받았던 사람은 성인이 되었을 때 상대방이 '뭔가를 생각하고 있구나', 또는 '피곤한가?'라는 생각을 못하고 '나를 싫어하는구나'로 해석하게 된다. 연인이 말없이 조용해지면 '나를 싫어하는구나'로 해석하게 된다.

이런 패턴 매칭의 또 다른 특징은 '일반화'이다. 뇌는 효율성을 위해 하나의 경험을 최대한 많은 상황에 적용하려고 한다. 예를 들어, 수학 선생님이 무서웠던 경험이 있으면 '선생님은 무서운 존재'라고 일반화되고, 나아가 '권위자는 위험하다', '평가받는 상황은 피해야 한다'로까지 확장된다. 이렇게 하나의 특정한 경험이 인생 전반에 걸쳐 거대한 신념 체계로 발전한다.

하지만 여기서 놓치지 말아야 할 중요한 사실이 있다. 이런 패턴 매칭이 항상 문제만 일으키는 것은 아니라는 점이다. 실제로 이 시스템은 우리가 생존하는 데 꼭 필요한 기능이다. 뜨거운 난로에 한 번 데인 아이가 다음부터는 난로뿐 아니라 뜨거운 것들을 조심하게 되는 것처럼, 위험한 패턴을 기억하고 피하는 것은 적응적 반응이다. 문제는 이 시스템이 과도하게 작동하거나 현재 상황에 맞지 않는 과거의 패턴을 계속 적용할 때 발생한다.

풀숲에서 고속도로까지:
뇌 패턴 형성의 과학

우리 뇌의 신경 경로는 마치 숲길과 같다. 처음 새로운 생각이나 행동을 할 때는 '풀숲을 처음 걸어가는 것'과 같다. 무성한 풀숲은 우리가 지나가기도 힘들고, 지나간 흔적도 보이지 않는다. 하지만 같은 길을 반복해서 걷다보면, 풀이 눌리고 흙이 다져져서 점차 뚜렷한 길이 만들어진다. 처음에는 오솔길이었던 것이 계속 사용하다 보면 2차선 도로로 확장하고, 나중에는 12차선 고속도로까지 발전한다.

우리 뇌도 정확히 이와 같은 방식으로 작동한다. 같은 생각이나 행동을 반복할 때마다 관련된 뉴런들 사이의 연결이 점점 강화된다. 뇌과학에서는 '함께 발화하는 뉴런들은 함께 연결된다Neurons That Fire Together, Wire Together'는 도널드 헵 Donald Hebb의 법칙으로 이를 설명한다. 처음에는 약하게 연결되었던 것이 반복을 통해 점점 강화되어 마침 내 자동화된 신경 회로로 발전하는 것이다.

더 놀라운 것은 자주 사용하는 신경 경로 주변에 '미엘린Myelin'이라는 흰색 물질이 생겨난다는 사실이다. 미엘린은 마치 전선에 피복을 씌우는 것처럼 신경섬유를 감싸서 신호 전달의 속도와 효율성을 높인다. 미엘린화가 진행된 신경 경로는 그렇지 않은 경로보다 신호 전달 속도가 10배에서 30배까지 빨라진다. 잘 다져진 신경 경로는 12차선 고속도로처럼 변한다. 그래서 새로운 시도를 하는 것은 풀숲을 걷는 것과 같고, 기존 패턴을 실행하는 것은 고속도로를 달리는 것과 같은 차이가 나게 된다.

이 과정을 이해하면 왜 습관을 바꾸는 것이 그렇게 어려운지 알 수 있다. 30년간 굳어진 완벽주의 패턴은 이미 12차선 고속도로가 돼 있는데, 새로운 '실수해도 괜찮다'는 생각은 아직 머리카락보다 가는 길이라고 할 수 있다. 뇌는 당연히 에너지 효율이 높은 고속도로를 선택하게 된다.

하지만 여기서 희망적인 소식이 있다. 뇌의 '신경가소성Neuroplasticity' 덕분에 우리는 평생에 걸쳐 새로운 신경 연결을 만들고 기존 연결을 재구성할 수 있다는 것이다. 신경가소성 연구의 권위자인 노먼 도이지Norman Doidge 박사의 연구에 따르면, 뇌는 나이와 상관없이 새로운 신경 연결을 만들어낼 수 있다. 실제로 런던의 택시 기사들을 연구한 결과, 복잡한 도시의 지리를 외우는 과정에서 해마(기억을 담당하는 뇌 부위)의 크기가 물리적으로 증가한 것이 관찰되었다. 이는 우리가 새로운 패턴을 충분히 반복하면, 기존의 고속도로와 경쟁할 수 있는 새로운 고속도로를 건설할 수 있다는 것을 의미한다.

하지만 새로운 선정 경로를 만드는 것은 시간과 에너지를 필요로 한다. 뇌과학자들은 새로운 습관이 자동화되기까지 평균 66일 정도 걸린다고 말한다. 특히 첫 21일 동안은 새로운 신경 연결의 기반을 다지는 중요한 시기로, 이 기간 동안의 꾸준한 노력이 이후 과정의 토대가 된다. 이렇게 형성된 초기 연결이 지속적인 반복을 통해 점진적으로 강화되어 자동화에 이르게 된다. 그래서 새로운 패턴을 만들려면 충분한 시간과 꾸준한 반복을 통한 의식적 노력을 지속해야 한다.

내 안의 다섯 가지
구 버전 OS 발견하기

이제 구체적으로 당신의 멘탈 시스템에 설치된 구 버전 OS들을 확인해보겠다. 20년간의 상담과 코칭 경험을 통해 발견한 것은 대부분의 사람들에게는 '다섯 가지 대표적인 구 버전 OS가 설치되어 있다는 사실'이다. 각각의 OS는 고유한 특징과 작동 방식이 있으며, 서로 복합적으로 작용하면서 우리의 삶을 지배한다.

첫 번째는 '완벽주의 OS'이다. 이 프로그램이 설치된 사람들은 "완벽하지 않으면 가치가 없어"라는 기본 설정으로 돌아간다. 90점을 받아도 10점 부족한 것에만 집중하고, 칭찬을 들어도 "더 잘할 수 있었는데…"라는 자동 메시지가 뜬다. 이들의 RAS는 항상 부족한 점, 실수한 것, 개선할 점만 찾아서 보고한다. 완벽주의 OS의 가장 큰 특징은 '과정'보다 '결과'에만 집중한다는 것이다. 얼마나 노력했는지,

얼마나 성장했는지는 중요하지 않고 오직 최종 결과가 완벽한지만 평가한다. 그래서 이들은 항상 불만족스럽고 피곤하다. 아무리 잘해도 만족할 수 없어서 그렇다. 완벽주의 OS가 설치된 사람들의 또 다른 특징은 '실패 공포증'이다. 완벽하지 않을 바에는 아예 시도하지 않는 것을 선택한다. 그래서 새로운 도전을 피하고, 확실한 것만 하려고 한다. 이는 장기적으로 성장의 기회를 스스로 차단하는 결과를 가져온다.

두 번째는 '피해의식 OS'이다. 이 시스템은 '나는 늘 당하는 사람이야'라는 기본 인식으로 작동한다. 누군가 대답을 안 하면 '무시당했다', 약속이 취소되면 '나를 가볍게 본다', 승진에서 제외되면 '나만 빼고 다 챙겨준다'는 자동 해석이 실행된다. 피해의식 OS의 특징은 모든 상황을 '나 vs. 세상'의 구도로 바라본다는 것이다. 상대방의 사정이나 상황적 요인은 고려하지 않고, 모든 것을 자신에 대한 의도적인 공격이나 무시로 해석한다. 이들의 RAS는 자신이 피해당했다는 증거만 열심히 수집한다. 상대방의 선의나 배려는 눈에 보이지 않고, 작은 무시나 소외의 신호만 확대해서 인식한다. 피해의식 OS가 강한 사람들은 관계에서 항상 방어적이다. 상처받기 전에 미리 거리를 두거나 공격적으로 먼저 나서는 일이 많다. 이는 실제로 관계를 악화시키는 자기충족적 예언이 되기도 한다.

세 번째는 '회피 OS'이다. 이 프로그램의 기본 설정은 "문제가 생기면 일단 피하자"이다. 힘든 대화, 어려운 결정, 갈등 상황이 생기면 자동으로 도망 모드가 켜진다. 문제를 해결하기보다는 문제를 못 본 척, 모른 척하는 것이 기본 대응 방식이 되어버린다. 회피 OS의 특징은 단기적 편안함을 위해 장기적 문제를 키운다는 것이다. 당장은 불편함을 피할 수 있지만, 문제는 해결되지 않고 계속 누적된다. 그래서 시간이 지날수록 상황은 더 복잡해지고 해결하기 어려워진다. 회피 OS가 설치된 사람들은 갈등을 극도로 싫어한다. 평화로운 관계를 유지하는 것이 최우선 가치여서 자신의 의견이나 감정을 억누르는 일이 많다. 하지만 억압된 감정은 언젠가 폭발하거나 다른 형태로 표출되기 마련이다.

네 번째는 '통제 OS'이다. 이 시스템은 "모든 것을 내가 관리해야 해"라는 강박으로 돌아간다. 다른 사람이 일하는 것이 못 미더워서 모든 것을 직접 하려 하고, 계획대로 되지 않으면 극도로 불안해한다. 통제 OS의 핵심은 '불확실성에 대한 공포'이다. 예측할 수 없는 상황을 견디지 못하기에 모든 것을 자신이 통제할 수 있는 범위 안에 두려고 한다. 이들은 위임을 어려워하고, 다른 사람의 방식을 신뢰하지 못한다. '내가 하는 게 제일 확실해'라는 생각으로 혼자서 모든 일을 떠안게 된다. 통제 OS가 강한 사람들은 관계에서도 상대방을 바꾸려고 노력한다. 상대방이 자신이 원하는 방식으로 행동하지 않으면 스트레스를 받고, 계속해서 개입하려고 한다. 하지만 다른 사람을 바꾸는 것은 불가능에 가깝기에 결국 좌절감과 피로감만 쌓이게 된다.

마지막으로 '비교 OS'이다. 이 프로그램은 끊임없이 타인과 자신을 비교하며 "나는 부족해"라는 결론을 자동으로 내린다. SNS를 보면서 '다른 사람들은 다 행복해 보이는데, 나만 이런 것 같다'는 생각이 자동으로 실행된다. 비교 OS의 특징은 절대적 가치보다 상대적 위치에만 관심을 둔다는 것이다. 자신이 얼마나 성장했는지, 얼마나 노력했는지는 중요하지 않고, 오직 다른 사람들과 비교했을 때 어느 위치에 있는지만 신경 쓴다. 이들의 RAS는 항상 자신보다 잘나 보이는 사람들의 모습만 선별해서 보여준다. 다른 사람의 성공, 행복, 능력은 확대되어 보이지만, 그들의 어려움이나 노력은 보이지 않는다. 비교 OS가 강한 사람들은 자신만의 속도와 방향을 잃어버리기 쉽다. 다른 사람의 기준에 맞춰 살려고 하다 보니, 정작 자신이 진짜 원하는 것이 무엇인지 모르게 되는 일이 많다.

감정-사고-행동 설계도 루프

이런 구 버전 OS들은 모두 '감정-사고-행동 루프'라는 자동 설계도를 따라 작동한다. 이 루프를 이해하는 것이 패턴 분석의 핵심이다. 이 루프는 5단계로 구성되어 있으며, 각 단계가 다음 단계를 자동으로 촉발하는 순환 구조를 지니고 있다.

먼저 트리거(방아쇠)가 있다. 상사의 표정, 동료의 말 한마디, 아이의 행동, 예상치 못한 경우 등 특정 상황이나 자극이 트리거가 될 수 있다. 이 트리거는 객관적으로는 중립적인 사건일 수 있지만, 우리의 구 버전 OS에 의해 특별한 의미로 해석된다. 예를 들어, 회의에서 상사가 "이 부분 다시 검토해보세요"라고 말하는 것은 단순한 업무 지시일 수 있지만, 완벽주의 OS가 설치된 사람에게는 '내가 실수했다'는 신호로 받아들여진다.

그러면 즉시 자동 감정이 올라온다. 불안, 화, 위축감, 짜증, 두려움 등이 순식간에 온몸에 퍼진다. 이 감정 반응은 의식적 사고보다 훨씬 빠르게 일어난다. 편도체가 위험 신호를 감지하면, 0.1초 만에 스트레스 호르몬을 분비하여 몸 전체를 경계 상태로 만들기 때문이다. 심장 박동이 빨라지고, 근육이 긴장되며, 호흡이 얕아진다. 이는 '투쟁 또는 도피 Fight Or Flight' 반응으로, 원시 시대부터 내려온 생존 메커니즘이다.

이 감정과 동시에 자동 사고가 떠오른다. '또 혼나겠네', '나를 무시하는구나', '역시 내 탓이야', '이번에도 실패했어', '나는 안 돼' 같은 생각들이 번개처럼 스쳐 지나간다. 이런 자동 사고는 대부분 부정적이고 파괴적이다. 구 버전 OS는 주로 위험을 감지하고 문제를 예방하려는 목적으로 만들어졌기 때문이다. 따라서 긍정적이고 건설적인 해석보다는 부정적이고 방어적인 해석을 우선시한다.

더불어 이에 따른 자동 행동이 실행된다. '방어적으로 말하거나, 침묵하거나, 화를 내거나, 피하거나, 지나치게 사과하거나, 완벽하게 다시 하려고 하는 행동'이 마치 프로그램된 대로 나타난다. 이런 행동은 그 순간의 감정과 사고에 의해 자동으로 결정된다. 따라서 상황에 가장 적절한 것이 아닐 수 있다. 오히려 문제를 더 복잡하게 만들거나 관계를 악화되는 일도 많다.

그 후 이 행동의 결과가 나타나면, 이 결과는 다시 처음의 트리거를 강화하는 역할을 한다. 예를 들어, 방어적으로 반응했더니 상대방도 불쾌해했다면, '역시 나는 관계를 망치는 사람이야'라는 신념이 더욱 굳어지는 식이다. 또는 회피했더니 문제가 더 커졌다면, '역시 나는 문제를 해결할 능력이 없어'라는 믿음이 강화된다. 이렇게 루프가 반복될 때마다 해당 패턴의 신경 경로는 더욱 강화되어 12차선 고속도로처럼 발전하게 된다.

이 루프의 가장 무서운 점은 '자기강화적 특성이 있다는 것'이다. 한 번 루프가 돌기 시작하면 스스로 계속 강화하면서 점점 더 자동적이고 예측이 가능해진다. 그래서 같은 상황에서 항상 같은 반응을 하게 되고, 같은 결과를 얻게 되는 것이다. 이것이 바로 우리가 '왜 나는 매번 같은 실수를 할까?'라고 자책하게 되는 이유다.

멘탈핏 오류:
겨울옷을 입고 여름을 나는 어리석음

여기서 중요한 개념 하나를 소개하겠다. 바로 '멘탈핏Mental Fit'이다. 조직에서 컬처핏이 중요하듯이, 상황과 역할에 맞는 심리적 상태인 멘탈핏이 있다. 그런데 사람들 대부분이 심각한 멘탈핏 오류를 범하고 있다. 마치 겨울옷을 입고 여름을 나려고 하는 것처럼 말이다.

예를 들어, 어린 시절 당신이 '부모님께 혼나지 않는 것'이 최우선 과제였다면, '조용히 있으면 안전하다'는 멘탈 OS가 최적이었다. 하지만 지금 당신은 30명을 이끄는 팀장이다. 어린 시절의 '조용한 멘탈'로는 팀을 이끌 수 없다. 리더십은 적극적인 소통과 명확한 의사 표현을 요구하는데, 조용히 있으려는 OS가 자동으로 작동하면 팀원들은 방향성을 잃고 혼란스러워할 수밖에 없다.

또는 학창 시절에 '선생님께 칭찬받는 것'이 전부였다면, '완벽해야 인정받는다'는 OS가 적절했다. 하지만 지금은 빠른 변화 속에서 시행착오를 통해 혁신을 만들어내야 하는 시대이다. 완벽주의 OS로는 새로운 도전 자체가 불가능해진다. 실패할 가능성이 있는 일은 아예 시도조차 하지 않으려고 하기에 혁신의 기회를 스스로 차단하게 된다.

또 다른 예로, 과거에는 '나 혼자 열심히 하면 돼'라는 멘탈이 효과적이었을 수 있다. 학생 시절에는 개인의 성과가 중요했고, 협업보다는 개인 역량이 더 중요했으니까 말이다. 하지만 현대의 복잡한 업무 환경에서는 팀워크와 협업이 필수이다. 혼자서 모든 것을 해결하려는 OS가 작동하면 동료들과의 협력이 어려워지고, 결국 더 큰 성과를 낼 기회를 놓치게 된다.

멘탈핏 오류의 또 다른 사례는 '갈등 회피' 멘탈이다. 어린 시절 부모님의 다툼을 보고 자란 아이는 '갈등은 무조건 나쁜 것'이라는 OS를 설치하게 된다. 그래서 성인이 되어서도 의견 차이나 갈등 상황을 극도로 피하려고 한다. 하지만 건강한 갈등은 성장과 발전의 동력이 된다. 다양한 관점이 충돌하며 더 나은 해결책이 나오고, 서로에 대한 이해가 깊어진다. 갈등을 무조건 피하는 멘탈로는 깊이 있는 관계나 창의적인 협업이 불가능하다.

과거의 멘탈 OS가 나쁜 것이 아니다. 그때는 최적의 선택이었다.

하지만 지금의 상황과 역할에는 맞지 않는다는 것이 문제이다. 낡은 윈도우 95로 최신 프로그램을 돌리려고 하면 시스템이 다운되는 것처럼, 구 버전 멘탈 OS로 현재의 복잡한 현실을 처리하려다 보니 감정적 충돌과 관계적 오류가 계속 발생하는 것이다.

더 큰 문제는 우리가 이런 멘탈핏 오류를 인식하지 못한다는 점이다. OS가 자동으로 작동하기 때문에 '의식적으로 선택할 수 있다'는 생각 자체를 못하게 된다. 마치 겨울옷을 입고서 덥다고 답답해하면서도 정작 옷 벗을 생각은 못 하는 것과 같다.

멘탈핏을 바꾸는 첫 번째 단계는 '현재 자신이 어떤 멘탈 OS를 사용하고 있는지 인식하는 것'이다. 그리고 그 OS가 현재 상황과 역할에 적합한지 평가해봐야 한다. 만약 맞지 않다면, 새로운 상황에 맞는 멘탈 OS를 의식적으로 설계하고 설치해야 한다. 이것이 바로 '멘탈디자인'의 핵심이다.

자동조종장치를 인식하는 순간, 변화가 시작된다

패턴 분석의 첫 번째 목표는 이런 자동조종장치의 존재를 '의식의 빛 아래로 끌어내는 것'이다. 지금까지 당신을 조종해온 보이지 않는 손의 정체를 명확히 보아야 한다. 무의식적인 패턴을 의식적으로 관찰하기 시작하는 순간, 그 패턴의 자동성은 힘을 잃기 시작한다. 마치 어둠 속의 무시무시한 그림자가 불을 켜고 보니 그저 옷걸이에 불과했음을 깨닫게 되는 것과 같다.

'아, 지금 완벽주의 OS가 돌아가고 있구나', '지금 피해의식 프로그램이 자동 실행되고 있네', '회피 OS가 켜진 것 같은데?'라고 알아차리는 순간, 그 패턴은 더는 당신을 완전히 지배할 수 없게 된다. 왜냐하면 의식이 개입할 여지가 생기기 때문이다. 완전히 자동적이었던 반응에 '잠깐'이라는 순간이 끼어들게 되는 것이다.

이것이 바로 패턴 분석의 힘이다. 문제를 해결하려고 애쓰기 전에 먼저 무엇이 문제인지 정확히 아는 것, 바이러스를 치료하기 전에 어떤 바이러스에 감염되었는지 진단하는 것, 이것이 진정한 치유의 첫걸음이다.

많은 사람들이 증상만 보고 잘못된 처방을 내리는 실수를 범한다. 예를 들어, 관계에서 자꾸 갈등이 생긴다고 의사소통 기술을 배우려 하지만 정작 근본 원인이 피해의식 OS라면 아무리 소통 기술을 배워도 소용이 없다. 피해의식 OS가 작동하는 한 모든 소통을 공격으로 해석할 테니까 말이다.

이렇게 패턴을 인식하는 것만으로도 놀라운 변화가 일어난다. 실제로 신경과학 연구에 따르면, 자신의 감정 상태를 정확히 명명하는 것만으로도 편도체 활성화가 줄어들고 전전두엽Pprefrontal Cortex(이성적 사고를 담당)의 활성화가 증가한다고 한다. '나는 지금 화가 나'라고 단순히 인식하는 것만으로도 감정의 강도가 줄어드는 것이다. 이를 '감정 라벨링Emotional Labeling 효과'라고 한다.

더욱 중요한 것은 나의 패턴을 인식하면 '선택의 여지'가 생긴다는 점이다. 자동적인 반응밖에 할 수 없었던 상황에서 '다른 방법은 없을까?'라고 물을 수 있게 된다. 완벽주의 OS가 작동하고 있다는 것을 알아차리면, '완벽하지 않아도 괜찮을까?', '실수를 통해 배울 수 있는 건 없을까?라는 새로운 관점을 시도해 볼 수 있다.

하지만 여기서 중요한 점이 있다. 패턴을 인식했다고 해서 즉시 바뀌는 것은 아니라는 점이다. 오랜 시간동안 굳어진 신경 회로가 하루아침에 바뀔 수는 없다. 하지만 그것을 인식하는 순간부터 변화의 가능성이 열린다. 그리고 그 가능성은 점점 현실이 되어간다. 처음에는 열 번 중 한 번 알아차릴 수 있었던 것이 나중에는 열 번 중 다섯 번, 그 다음에는 열 번 중 여덟 번으로 늘어간다. 이런 식으로 의식적 인식의 영역이 확장되면 자동조종장치의 지배력은 점점 약화한다.

1장을 마치며:
시스템 진단 완료

축하한다. 당신은 방금 자신의 멘탈 시스템에 대한 첫 번째 종합 진단을 완료했다. 스마트폰의 OS 업데이트를 확인하듯이 당신의 내면에서 돌아가고 있는 구 버전 OS들의 정체를 상세히 확인했다. 우리가 내리는 결정의 95%가 무의식적 자동 반응이라는 충격적인 현실, 구글보다 정확하지만 극도로 편파적인 RAS 시스템, 솥뚜껑과 자라의 패턴 매칭 메커니즘, 풀숲에서 12차선 고속도로로 발전하는 신경 경로들, 그리고 끊임없이 순환하는 감정-사고-행동 설계도 루프까지. 이 모든 것이 지금까지 당신을 조종해 온 보이지 않는 자동조종장치의 정체였다.

당신은 자신에게 설치된 다섯 가지 주요 구 버전 OS들의 특성도 파악했다. 완벽주의 OS의 끝없는 불만족, 피해의식 OS의 방어적 해석, 회피 OS의 단기적 도피, 통제 OS의 불확실성 공포, 비교 OS의 상대적 열등감까지. 각각이 어떤 방식으로 작동하고, 어떤 결과를 만들어내는지 명확히 이해하게 되었다. 더불어 이런 구 버전 OS들이 과거에는 나름의 역할과 목적이 있었지만, 현재 상황과 역할에는 맞지 않는 '멘탈핏 오류'를 일으키고 있다는 것도 깨달았다.

가장 중요한 것은 이제 당신이 이런 자동조종장치들의 존재를 '의식적으로 인식할 수 있게 되었다는 점'이다. 보이지 않던 것들이 보이기 시작했고, 무의식적이었던 것이 의식의 영역으로 올라왔다. 이것만으로도 이미 변화는 시작되었다. 완전히 자동적이었던 반응에 '잠깐, 뭔가 다른 방법은 없을까?'라는 여유가 생기기 시작했으니 말이다.

하지만 이건 아직 우리 여정의 첫걸음일 뿐이다. 시스템 진단을 완료했으니 이제는 이 구 버전 OS들이 언제, 어떻게, 왜 설치되었는지 그 기원을 추적해 볼 차례다. 다음 장에서는 마치 CSI 과학수사팀이 사건의 진상을 밝혀내듯이 당신의 멘탈 패턴들의 뿌리를 찾아 흥미진진한 모험을 떠날 것이다.

그 과정에서 당신은 자신의 패턴을 단순히 '문제'로 보는 것이 아니라, 과거에 선택할 수밖에 없었던 지혜롭고 창의적인 생존 전략이었다는 것을 발견하게 된다. 그리고 그 발견은 자기 비난에서 자기

이해로, 자기 혐오에서 자기 수용으로 나아가는 놀라운 치유의 여정이 될 것이다.

CHECK LIST

☑ 내 주요 자동 반응 패턴 세 가지 식별하기 완료

☑ 내 결정의 95%가 무의식이 지배하는 현실 수용하기 완료

☑ 나만의 감정-사고-행동 루프 파악하기 완료

☑ 현재 돌아가는 구 버전 OS 진단하기 완료

☑ 일주일간 나의 패턴 관찰계획 수립하기 완료

2장

자동 실행되는
다섯 가지 구 버전 OS

어린 시절부터 설치된 프로그램들

1장에서 당신은 자신의 멘탈 시스템에 어떤 구 버전 OS들이 설치되어 있는지 전체적인 진단을 마쳤다. 95%의 무의식적 자동 반응, 편파적인 개인 비서 시스템, 솥뚜껑과 자라의 패턴 매칭, 그리고 감정-사고-행동 루프까지. 이제는 좀 더 구체적으로 들어가 볼 시간이다. 마치 컴퓨터 전문가가 '현재 실행 중인 프로그램'을 하나씩 점검하듯, 당신의 마음에서 자동으로 실행되고 있는 각각의 구 버전 OS들을 상세히 분석해 보겠다.

   수 많은 사람들을 상담하고 코칭하면서 발견한 놀라운 점은 대부분의 사람들에게는 다섯 가지 대표적인 구 버전 OS가 공통적으로 설치돼 있다는 사실이다. 마치 스마트폰에 기본 앱들이 미리 설치되어 있듯 우리 마음에도 어린 시절부터 차곡차곡 설치된 '기본 반응 프로그램'들이 있는 것이다. 이들은 서로 독립적으로 작동하기도 하고, 때로는 복합적으로 연결되어 더 복잡한 반응을 만들어내기도 한다.

그런데 여기서 중요한 발견이 있었다. 우리 뇌는 상황별로 다른 프로그램을 실행한다는 것이다. 마치 컴퓨터에 워드, 포토샵, 게임 등 다양한 소프트웨어가 설치되어 있듯이 우리 마음에도 직장용 OS, 가정용 OS, 친구 관계용 OS가 따로 돌아간다. 그래서 직장에서는 완벽하게 침착한 사람이, 집에 오면 폭발하는 이중적인 모습을 보이기도 한다. 더 무서운 것은 '대리 분출' 현상이다. 상사에게 못다 한 말이 아이에게 향하고, 동료에게 참았던 짜증이 배우자에게 폭발하는 것처럼, 한곳에서 억압된 감정들이 안전하다고 느끼는 다른 곳에서 터져 나온다.

이제 당신의 마음에서 돌아가고 있는 다섯 가지 주요 구 버전 OS들을 하나씩 해부해 보겠다. 각각의 특징과 작동 방식, 언제 어떻게 오작동을 일으키는지 명확히 파악하는 것이 이번 장의 목표이다.

첫 번째 구 버전 OS: 완벽주의 2.0

'완벽하지 않으면 가치가 없어'라는 핵심 코드로 돌아가는 이 시스템은 아마도 가장 많은 이들에게 설치된 구 버전 OS일 것이다. 이 프로그램이 실행되면 마치 현미경으로 세상을 보는 것처럼 매사 부족한 점만 확대해서 인식하게 된다. 90점을 받아도 '10점이 부족해'라는 사실에만 집중하고, 아무리 좋은 일이 있어도 '더 잘할 수 있었는데'라는 자동 메시지가 뜬다. 완벽주의 OS의 가장 큰 특징은 '결과 중심적 사고'이다. 과정에서 얼마나 노력했는지, 얼마나 성장했는지는 전혀 중요하지 않고 오직 최종 결과가 완벽한지만 평가한다. 그래서 이 OS가 설치된 사람들은 항상 불만족스럽고 피곤하다. 아무리 잘해도 만족할 수 없으니까 말이다.

완벽주의 OS가 작동할 때 뇌에서는 흥미로운 현상이 일어난다.

도파민이라는 보상 호르몬이 목표 달성 시점이 아니라 목표 설정 시점에 분비되는데, 완벽주의자들은 이 목표를 계속 높여서 도파민을 지속적으로 받으려고 한다. 하지만 목표가 비현실적으로 높아지면서 결국 도달할 수 없는 지점까지 가게 되고, 이때부터는 만성적인 불만족 상태에 빠지게 된다. 더 심각한 문제는 '실패 공포증'이다. 완벽하지 않을 바에는 아예 시도하지 않는 것을 선택한다. 새로운 도전을 피하고, 확실한 것만 하려고 한다. 이는 장기적으로 성장의 기회를 스스로 차단하는 결과를 가져온다. 실제로 상담 중 만난 김 대리(35세)는 이렇게 말했다. "저는 프레젠테이션을 할 때 100% 확신이 설 때까지 절대 발표하지 않아요. 그런데 100% 확신이라는 건 사실 불가능하잖아요? 그래서 계속 미루고 미루다 결국 기회를 놓치는 경우가 많아요."

완벽주의 OS의 또 다른 특징은 '0 아니면 100' 사고이다. 조금이라도 부족하면 완전한 실패로 간주한다. 예를 들어, 다이어트 중에 과자를 하나 먹으면 '오늘은 망했다'며 폭식하거나, 운동을 하루 빠지면 '어차피 소용없어'라며 아예 그만두는 식이다. 중간 지점이나 부분적 성공을 인정하지 않는다. 완벽주의 OS는 '비교 지옥'을 만들어낸다. 다른 사람의 성과를 보면 자동으로 '저 사람은 완벽한데 나는 왜 이렇게 부족하지?'라는 생각이 실행된다. SNS를 볼 때마다 다른 사람들의 하이라이트와 자신의 일상을 비교하면서 자괴감에 빠진다. 특히 완벽주의자들은 다른 사람의 성공 뒤에 숨겨진 실패와 노력은 보지 못하고, 겉으로 드러나는 완성된 결과만 본다.

완벽주의 OS의 역설적인 면은 완벽을 추구하다가 오히려 평범 이하의 결과만 내게 된다는 것이다. 너무 완벽하게 하려다 시간이 부족해져서 결국 마감에 쫓겨 대충 마무리하게 되는 식이다. 그리고 나서는 또 '역시 나는 안 돼'라는 자책에 빠진다. 이를 '완벽주의의 역설'이라고 부르는데, 완벽을 추구할수록 완벽에서 멀어지는 현상이다. 완벽주의 OS는 특히 창의성과는 정반대의 환경을 만든다. 창의성은 실험, 실패, 시행착오를 통해 나오는데, 완벽주의는 처음부터 완벽한 결과만을 요구한다. 그래서 완벽주의 OS가 강한 사람들은 혁신적인 아이디어보다는 안전하고 예측 가능한 방법만 선택하게 된다.

완벽주의 OS의 업무 환경에서의 특징들도 주목할 만하다. 이들은 '위임 불가능 증후군'을 보인다. 다른 사람에게 일을 맡기면 자신의 기준에 못 미칠 거라고 믿어서 모든 일을 직접 하려고 한다. 결과적으로 업무 과부하에 시달리고, 팀원들은 성장 기회를 잃게 된다. 또한 '수정 중독'에 빠진다. 이미 충분히 좋은 결과물도 계속해서 수정하고 또 수정한다. 보고서를 10번도 넘게 고치고, 이메일 한 줄을 보내는 데도 30분씩 걸린다. 마감이 다가와서야 '이 정도면 됐다'라며 억지로 마무리한다. 이런 패턴이 반복되면서 만성적인 스트레스와 번아웃에 이르게 된다.

완벽주의 OS의 또 다른 특이한 점은 '상황별 선택적 완벽주의'이다. 모든 영역에서 완벽주의를 발휘하는 것이 아니라, 자신이 중요하게 생각하는 특정 영역에서만 극도의 완벽주의를 보인다. 어떤 사람은 업무에서만, 어떤 사람은 외모에서만, 어떤 사람은 학업에서만 완벽주의 OS가 작동한다. 하지만 그 특정 영역에서만큼은 강박적일 정도로 완벽을 추구한다.

두 번째 구 버전 OS: 피해의식 2.0

'나는 늘 당하는 사람'이라는 기본 설정으로 작동하는 이 시스템은 모든 상황을 '나 vs. 세상'의 구도로 해석한다. 누군가 말을 안 받으면 '무시당했다', 약속이 취소되면 '나를 가볍게 본다', 승진에서 제외되면 '나만 빼고 다 챙겨준다'는 자동 해석이 실행된다. 피해의식 OS의 가장 큰 특징은 '의도 추측'이다. 상대방의 사정이나 상황적 요인은 고려하지 않고, 모든 것을 자신에 대한 의도적인 공격이나 무시로 해석한다. 실제로 상대방에게는 전혀 그런 의도가 없었을 수도 있는데 말이다.

피해의식 OS의 뇌과학적 메커니즘을 살펴보면 더욱 흥미롭다. 이 OS가 작동할 때 뇌의 편도체가 과도하게 활성화되면서 '위험 탐지 모드'로 전환된다. 평소보다 10배 이상 민감하게 위험 신호를 찾아내려고 한다. 그래서 상대방의 미세한 표정 변화, 목소리 톤의 미묘한 차이, 메시지의 간격까지도 모두 '나를 공격하려는 신호'로 해석하게 된다. 마치 군사용 레이더처럼 24시간 경계 태세를 유지하는 것이다. 피해의식 OS가 작동할 때 우리 뇌 속에 있는 구글보다 정확한 편파적이고 취향 저격형인 개인 비서는 자신이 피해당했다는 증거만 열심히 수집한다. 상대방의 선의나 배려는 보이지 않고, 작은 무시나 소외의 신호만 확대해서 인식한다. 예를 들어, 회식 자리에서 누군가 자신에게 음식을 권하지 않으면 '나를 동료로 인정하지 않는구나'라고 해석하지만, 정작 그 사람은 단순히 깜빡했거나 다른 생각에 빠져 있었을 수도 있다.

피해의식 OS의 특징 중 하나는 '선제공격 메커니즘'이다. 상처받기 전에 먼저 공격하거나 거리를 두는 것이다. '어차피 배신당할 거면 먼저 선수치자'는 식의 생각이 작동한다. 새로운 관계를 시작할 때도 '이 사람도 결국 나를 실망시킬 거야'라는 전제로 시작하기 때문에 진정한 친밀감을 형성하기 어렵다. 이는 실제로 관계를 악화시키는 자기충족적 예언이 되기도 한다. 피해의식이 강한 사람이 방어적이고 공격적으로 나오면, 상대방도 당연히 불편해져서 거리를 두게 된다. 그러면 '역시 내 예상대로 나를 싫어하네'라며 피해의식이 더욱 강화되는 악순환이 생긴다.

흥미롭게도 피해의식 OS는 일종의 '심리적 보험'과 같은 역할을 한다. 미리 나쁜 결과를 예상해두면, 실제로 나쁜 일이 일어났을 때 '역시 내 예상대로'라며 심리적 충격을 덜 받을 수 있다. 하지만 이 보험의 대가는 너무 크다. 좋은 일이 일어나도 제대로 즐기지 못하고 항상 경계하며 살아야 하니까 말이다. 더 심각한 것은 피해의식 OS가 '학습된 무력감'을 만든다는 점이다. '어차피 난 뭘 해도 안 돼', '운명이니까 받아들여야지'라는 생각으로 이어져서 실제로 상황을 개선하려는 노력 자체를 포기하게 만든다.

피해의식 OS의 또 다른 특징은 '피해자 정체성에 대한 중독'이다. 이상하게 들릴 수도 있지만, 피해자 역할에는 나름의 이득이 있다. 동정을 받을 수 있고, 책임을 회피할 수 있으며, 다른 사람의 관심을 끌 수 있다. 무의식적으로 이런 이득을 놓치기 싫어서 피해의식 OS를 계속 유지하는 상황이 있다. 박 과장(42세)은 이렇게 표현했다. "저는 좋은 일이 생기면 오히려 불안해져요. '이것도 곧 끝나겠지', '뭔가 안 좋은 일이 생길 거야'라는 생각이 자동으로 들거든요. 그래서 행복해도 온전히 이를 누리지 못해요." 피해의식 OS는 특히 디지털 시대에 더욱 복잡해졌다. SNS 게시물에 대한 무반응, 인스타그램 좋아요 수, 그룹 채팅에서 자신에게만 답장이 없는 것 등 모두 피해의식을 자극하는 새로운 트리거가 되었기 때문이다.

피해의식 OS의 '해석 왜곡' 패턴도 주목할 만하다. 같은 상황도 피해의식 필터를 통해 보면 완전히 다르게 해석된다. 상사가 "수고했어"라고 말하면 '나한테 대충 넘어가려는구나'로, "잘했어"라고 하면 '진심이 아니라 의례적인 말이잖아'로, 아무 말도 안 하면 '내가 실수했나 보다'로 해석한다. 어떤 반응이 와도 부정적으로 받아들이는 '해석의 블랙홀 현상'이 일어난다.

세 번째 구 버전 OS: 회피 2.0

'문제가 생기면 일단 피하자'는 기본 코드로 돌아가는 이 프로그램은 힘든 대화, 어려운 결정, 갈등 상황이 생기면 자동으로 도망 모드를 켠다. 문제를 해결하기보다는 문제를 못 본 척, 모른 척하는 것이 기본 대응 방식이 되어버린다. 회피 OS의 가장 큰 특징은 '단기적 편안함을 위해 장기적 문제를 키운다'는 것이다. 당장은 불편함을 피할 수 있지만, 문제는 해결되지 않고 계속 누적된다. 그래서 시간이 지날수록 상황은 더 복잡해지고 해결하기 어려워진다.

회피 OS의 신경과학적 배경을 살펴보면, 이는 뇌의 '투쟁-도피 반응' 중 도피 반응이 과도하게 발달한 경우이다. 스트레스 상황에서 뇌는 투쟁Fight, 도피Flight, 정지Freeze 중 하나를 선택하는데, 회피형 사람들은 압도적으로 도피나 정지를 선택한다. 이는 어린 시절 갈등 상황에서 도망가거나 숨는 것이 가장 안전한 전략이었기에 그 패턴이 고착화된 것이다. 회피 OS가 설치된 사람들은 갈등을 극도로 싫어한다. 평화로운 관계를 유지하는 것이 최우선 가치이기 때문에 자신의 의견이나 감정을 억누르는 경우가 많다.

하지만 억압된 감정은 언젠가 폭발하거나 다른 형태로 표출되기 마련이다. 실제로 회피형 사람들이 가장 무서워하는 것은 '다른 사람을 실망시키는 것'이다. 그래서 거절하지 못하고 모든 것을 혼자 떠안다가 번아웃에 이르는 일이 많다.

이들의 인생 좌우명은 '참으면 복이 온다'이다. 하지만 현실에서는 참기만 하면 더 많은 일이 떠넘겨지고, 복은커녕 스트레스만 쌓인다. 회피 OS의 또 다른 특징은 '결정 회피'이다. 중요한 결정을 내려야 할 때 계속 미루고 미루다 결국 시간이 지나 선택의 여지가 없어질 때까지 기다린다. 그런 다음 '어쩔 수 없었어'라며 상황 탓을 한다. 이는 책임지는 것에 대한 두려움 때문이다. 결정하면 그 결과에 대한 책임을 져야 하는데, 회피 OS는 그 부담을 감당하지 못한다. 최 팀장(39세)은 전형적으로 회피 OS의 패턴을 보인다. "제 팀원 중에 성과가 좋지 않은 사람이 있어요. 솔직한 피드백을 줘야 하는데, 그 사람 기분이 상할까 봐 계속 미루고 있어요. 그런데 미룰수록 상황은 더 나빠지고, 다른 팀원들도 불만이 쌓이고 있거든요. 알면서도 못하겠어요."

회피 OS의 '미루기 중독' 패턴도 심각한 문제이다. 어려운 일일수록 더 미루게 되고, 미룰수록 더 어려워지는 악순환에 빠져든다. 이를 '프로크라스티네이션 스파이럴Procrastination Spiral'이라고 부르는데, 미루는 행위 자체가 일시적인 안도감을 주기 때문에 중독성이 있다. 하지만 그 안도감은 점점 짧아지고, 불안은 점점 커진다. 회피 OS는 특히 디지털 시대에 더욱 강화되고 있다. 힘든 대화는 메신저로, 복잡한 상황은 이메일로, 갈등이 생기면 무응답으로 직접적인 소통을 피하는 방법은 너무나 많다. 하지만 이런 간접적 소통은 오해를 더 키우고, 문제 해결을 더욱 어렵게 만든다.

회피 OS의 '감정 마비' 현상도 주목할 만하다. 너무 오랫동안 자신의 감정을 억압하다 보면, 결국 자신이 뭘 원하는지, 뭘 싫어하는지조차 모르게 된다. 감정의 신호등이 꺼진 상태에서 살아가는 것이다. 이런 사람들은 "별로 화나지도 않고, 별로 기쁘지도 않아"라고 말하기도 한다. 회피 OS의 또 다른 특징은 '가짜 평화주의'이다. 진정한 평화는 갈등을 건강하게 해결한 다음 오는 것인데, 회피형 사람들은 갈등 자체를 덮어버리는 것을 평화라고 착각한다. 하지만 해결되지 않은 갈등은 언젠가 더 큰 폭발로 이어지기 마련이다.

네 번째 구 버전 OS: 통제 2.0

'모든 것을 내가 관리해야 해'라는 강박으로 돌아가는 이 시스템은 다른 사람이 일하는 것이 못 미더워서 모든 것을 직접 하려 하고, 계획대로 되지 않으면 극도로 불안해한다. 통제 OS의 핵심은 '불확실성에 대한 공포'이다. 예측할 수 없는 상황을 견디지 못하기 때문에 모든 것을 자신이 통제할 수 있는 범위 안에 두려고 한다. 이들은 위임을 어려워하고, 다른 사람의 방식을 신뢰하지 못한다. '내가 하는 게 제일 확실해'라는 생각으로 혼자서 모든 일을 떠안게 된다.

통제 OS의 뇌과학적 배경을 살펴보면, 이는 전전두엽의 과도한 활성화와 관련이 있다. 전전두엽은 계획, 조직, 통제를 담당하는 뇌 부위인데, 통제형 사람들은 이 부위가 24시간 풀가동된다. 반면 휴식과 여유를 담당하는 뇌 부위는 상대적으로 약해져서 쉬는 것조차 통제하려고 한다. '오늘은 3시간만 쉬자', '휴가도 계획적으로 보내야 해'처럼 모든 것을 스케줄화하려고 한다. 통제 OS가 강한 사람들의 또 다른 특징은 '마이크로 매니징'이다. 부하직원이나 가족들의 행동 하나하나까지 세세하게 관리하려고 한다. 좋은 의도에서 시작된 것이지만, 받는 입장에서는 간섭과 불신으로 느껴진다. 결과적으로 주변 사람들의 자율성과 창의성을 억압하게 된다.

통제 OS는 관계에서도 상대방을 바꾸려고 노력한다. 상대방이 자신이 원하는 방식으로 행동하지 않으면 스트레스를 받고, 계속해서 개입하려고 한다. 하지만 다른 사람을 바꾸는 것은 불가능에 가깝기에 결국 좌절감과 피로감만 쌓이게 된다. 통제 OS의 역설은 통제하려 할수록 더 통제가 어려워진다는 것이다. 모든 것을 혼자 하려다 보니 업무 과부하가 생기고, 정작 중요한 것들을 놓치게 된다. 그럴수록 주변 사람들은 의존적이 되거나 반발하게 되어, 결국 원하는 결과와는 정반대의 상황이 벌어진다. 정 부장(45세)은 이렇게 말했다. "제가 모든 걸 다 챙기려고 하니까 팀원들이 오히려 책임감이 없어졌어요. 어차피 부장님이 다 할 거라는 식으로 생각하더라고요. 그런데 막상 제가 놓치면 '왜 안 챙겨주셨어요?'라고 하고. 정말 진퇴양난이에요."

통제 OS의 '예상 시나리오 과부하' 현상도 흥미롭다. 이들은 모든 가능한 상황을 예상하고 대비책을 세우려고 한다. 여행을 가려고 해도 A안, B안, C안을 다 준비하고, 각각의 세부 일정까지 치밀하게 계획한다. 하지만 실제로는 계획의 10%도 제대로 진행되지 않는다. 그러면 또 '내가 더 꼼꼼하게 계획했어야 했는데'라며 자책한다. 특히 통제 OS는 '완벽주의 OS'와 결합할 때 더욱 강력해진다. 완벽한 결과를 내려면 모든 과정을 통제해야 한다고 여기기 때문이다. 이런 경우 번아웃이나 우울증으로 이어질 위험이 높다.

통제 OS의 '체크리스트 중독' 패턴도 주목할 만하다. 모든 것을 체크리스트로 만들어서 하나씩 지워나가는 것에서 만족감을 느낀다. 하지만 예상치 못한 일이 생기면 극도로 스트레스를 받는다. 체크리스트에 없는 일은 어떻게 처리해야 할지 모르겠다는 식으로 반응한다. 통제 OS는 '위임 불가능 증후군'을 만든다. 다른 사람에게 일을 맡기면 '내 방식대로 안 할 거야', '실수하면 어떡하지?'라는 불안감 때문에 결국 자신이 직접 하게 된다. 이는 팀워크를 저해하고, 조직의 성장을 막는 요인이 되기도 한다.

다섯 번째 구 버전 OS: 비교 2.0

끊임없이 타인과 자신을 비교하며 '나는 부족해'라는 결론을 자동으로 내리는 이 프로그램은 SNS 시대에 더욱 활성화되고 있다. 비교 OS의 특징은 절대적 가치보다 상대적 위치에만 관심을 둔다는 것이다. 자신이 얼마나 성장했는지, 얼마나 노력하고 있는지는 중요하지 않고, 오직 다른 사람들과 비교했을 때 어느 위치에 있는지만 신경 쓴다. 이들의 뇌 속 편파적인 개인 비서는 항상 자신보다 잘나 보이는 사람들의 모습만 선별해서 보여준다. 다른 사람의 성공, 행복, 능력은 확대되어 보이지만, 그들의 어려움이나 노력은 보이지 않는다.

비교 OS의 뇌과학적 메커니즘을 살펴보면, 이는 사회적 비교를 담당하는 뇌 부위인 내측 전전두엽과 후대상피질이 과도하게 활성화된 상태다. 원래 이 부위들은 사회적 순위를 파악해서 집단 내에서 생존하는 데 도움을 주는 역할을 했는데, 현대 사회에서는 오히려 끊임없는 비교와 열등감을 일으키는 원인이 되고 있다. 비교 OS가 설치된 사람들은 SNS를 볼 때마다 고통받는다. 다른 사람들의 여행 사진을 보며 '나는 왜 이렇게 재미없게 살지?', 동기의 승진 소식을 보며 '나는 왜 이렇게 뒤처지지?', 친구의 행복한 가족사진을 보며 '다른 사람들은 다 행복한데 나만 이래'라는 생각이 자동으로 떠오른다. 하지만 SNS는 하이라이트 릴스일 뿐이라는 것은 간과한다.

비교 OS의 또 다른 특징은 '상대적 박탈감'이다. 객관적으로는 충분히 좋은 상황인데도 다른 사람과 비교하면 불만족스러워진다. 연봉 5천만 원을 받으면서도 6천만 원 받는 동기를 보고 우울해하는 식이다. 가장 무서운 것은 비교 OS가 '자기 정체성의 혼란'을 일으킨다는 점이다. 다른 사람의 기준에 맞춰 살려고 하다 보니, 정작 자신이 진짜 원하는 것이 무엇인지 모르게 되어버리는 것이다. 남들이 좋다고 하는 직업, 남들이 부러워하는 라이프 스타일을 좇아가다가 자신만의 속도와 방향을 잃어버리는 것이다.

신 과장(33세)은 이런 고백을 했다. "저는 항상 남들과 비교해서 제 인생을 평가해요. 친구가 창업해서 성공하면 '나도 창업해야 하나?', 동기가 결혼하면 '나도 빨리 결혼해야 하나?' 그런데 정작 제가 뭘 원하는지는 모르겠어요. 남들 기준으로만 살아온 것 같아요."

비교 OS의 '승자-패자 이분법' 사고도 문제다. 모든 상황을 경쟁으로 보고, 누군가 이기면 나는 진다고 생각한다. 동료가 승진하면 자신이 떨어진 것처럼 느끼고, 친구가 좋은 차를 사면 자신의 차가 초라하게 보인다. 하지만 인생은 제로섬 게임이 아니다. 누군가의 성공이 내 실패를 의미하지는 않는다. 비교 OS는 특히 '사회적 성취'에 집착하게 만든다. 돈, 지위, 명예처럼 눈에 보이고 비교 가능한 것들에만 가치를 두게 된다. 반면 개인적 성장, 내적 평화, 관계의 질 같은 비교하기 어려운 가치들은 경시하게 된다.

비교 OS의 '보상 사다리' 현상도 주목할 만하다. 하나의 목표를 달성하면 잠시 만족하지만, 곧 더 높은 단계에 있는 사람들과 비교하기 시작한다. 과장이 되면 부장과 비교하고, 부장이 되면 이사와 비교하고… 끝없는 사다리 타기가 시작된다. 그래서 아무리 성취해도 만족할 수 없는 '성취 중독' 상태가 된다. 비교 OS는 '완벽한 타인의 착각'을 만든다. 다른 사람들은 모든 것이 완벽해 보이는데, 정작 자신만 문제가 많다고 느끼는 것이다. 하지만 사실 모든 사람에게는 각자만의 어려움과 고민이 있다. 다만 그것이 겉으로 잘 드러나지 않을 뿐이다.

비교 OS의 '필터 버블' 효과도 심각하다. 자신과 비슷한 수준의 사람들과는 교류하지 않고, 자신보다 뛰어난 사람들의 소식만 계속 접하게 된다. SNS 알고리즘도 이를 부추긴다. 성공한 사람들의 게시물은 더 많이 노출되고, 평범한 일상은 관심받지 못하니까 말이다. 그래서 점점 더 비현실적인 기준으로 자신을 평가하게 된다.

구 버전 OS들의 상호작용과
시스템 과부하

이 다섯 가지 구 버전 OS들은 독립적으로 작동하기도 하지만, 대부분 서로 복합적으로 연결되어 작동한다. 예를 들어, 완벽주의 OS와 비교 OS가 결합하면 '다른 사람들은 다 완벽한데, 나만 부족하다'라는 더욱 강력한 자괴감을 만들어낸다. 피해의식 OS와 회피 OS가 결합하면 '어차피 나는 상처받을 것이니까 아예 관계를 피하자'는 고립으로 이어진다. 통제 OS와 완벽주의 OS가 결합하면 모든 것을 완벽하게 통제하려는 극도의 스트레스 상태가 된다.

더 심각한 문제는 여러 OS가 동시에 실행될 때 발생하는 '시스템 과부하'이다. 마치 오래된 컴퓨터에서 여러 프로그램을 동시에 돌릴 때 시스템이 느려지고 다운되는 것처럼, 우리 마음도 여러 구 버전 OS가 동시에 작동하면 감정적 과부하 상태가 된다. 이때 나타나는 증상은 바로 불안, 우울, 번아웃, 대인관계의 어려움과 같은 문제다.

특히 주목할 점은 각 OS가 서로를 강화하는 악순환 구조를 만든다는 것이다. 완벽주의 때문에 스트레스를 받으면 ⇨ 통제욕이 강해지고 ⇨ 다른 사람과 비교하게 되며 ⇨ 피해의식이 생기고 ⇨ 결국 회피하게 되는 식으로 연쇄반응이 일어난다. 이렇게 되면 하나의 OS만 해결해서는 근본적인 변화가 어려워진다.

OS별 트리거 맵핑:
언제 어떤 프로그램이 켜지는가?

구 버전 OS들을 효과적으로 관리하려면 각 OS가 언제 켜지는지 패턴을 파악해야 한다. 이를 '트리거 맵핑'이라고 부르겠다.

완벽주의 OS는 주로 평가받는 상황에서 켜진다. 발표, 시험, 면접, 새로운 사람들 앞에서 자신을 소개할 때 등이다. 특히 권위자가 있는 자리나 경쟁적인 분위기에서 더 강하게 작동한다.

피해의식 OS는 모호한 상황에서 주로 켜진다. 상대방의 표정이 안 좋거나 평소와 다른 반응을 보이거나 그룹에서 자신만 제외된 것 같은 느낌이 들 때이다. 특히 메신저 무응답이나 상대가 전화를 안 받는 상황에서 강하게 작동한다.

회피 OS는 갈등이 예상되는 상황에서 켜진다. 싫은 소리를 해야 할 때, 거절해야 할 때, 어려운 대화를 나눠야 할 때, 중요한 결정을 내려야 할 때 등이다.

통제 OS는 불확실한 상황이나 다른 사람에게 의존해야 하는 상황에서 켜진다. 새로운 환경, 예상치 못한 변화, 다른 사람이 자기 일을 대신할 때 등이다.

비교 OS는 다른 사람의 성취나 행복을 접할 때 켜진다. SNS, 동창회, 승진 발표, 결혼식 등에서 특히 강하게 작동한다.

흥미롭게도 이런 트리거들은 대부분 우리가 피할 수 없는 일상적인 상황들이다. 그렇기에 트리거를 피하는 것보다는 트리거를 인식하고 대처하는 방법을 배우는 것이 더 현실적이다. 트리거를 미리 알고 있으면 '아, 지금 완벽주의 OS가 켜지려고 하는구나'라고 예측할 수 있고, 이는 다음 단계인 패턴 해체를 위한 중요한 준비가 된다.

구 버전 OS의 숨겨진 기능: 왜 우리는 이것들을 유지하는가?

여기서 중요한 질문이 하나 생긴다. '이렇게 문제가 많은 구 버전 OS들을 왜 우리는 계속 유지하고 있을까?' 답은 의외로 간단하다. 이 OS들이 나름의 '숨겨진 기능'을 제공하고 있기 때문이다. 뇌는 비효율적인 시스템을 그냥 두지 않는다. 아무리 문제가 있어 보이는 패턴이라도 그것이 어떤 식으로든 우리에게 도움이 되고 있다고 판단하기에 유지하는 것이다.

완벽주의 OS의 숨겨진 기능은 '실패로부터의 보호'이다. 완벽을 추구하면 적어도 평균 이상의 결과는 낼 수 있고, 이는 비판이나 비난으로부터 자신을 보호하는 방어막 역할을 한다.

피해의식 OS는 '배신으로부터의 보호' 기능을 제공한다. 미리 나쁜 상황을 예상해두면 실망하지 않을 수 있고, 상처받을 위험을 줄일 수 있다.

회피 OS는 '갈등으로부터의 보호'를 제공한다. 어려운 상황을 피하면 당장의 불편함과 스트레스를 줄일 수 있다.

통제 OS는 '불확실성으로부터의 보호'를 해준다. 모든 것을 통제하면 예상치 못한 변수를 줄이고 안정감을 느낄 수 있다.

비교 OS는 '사회적 낙오로부터의 보호'를 제공한다. 다른 사람과 비교하면서 사회적 기준에서 뒤처지지 않으려고 노력하게 된다.

이런 숨겨진 기능들 때문에 구 버전 OS를 단순히 나쁜 것으로 규정하고 무작정 제거하려고 하면 오히려 저항에 부딪힌다. 우리 뇌가 '이게 없으면 위험해!'라고 경고 신호를 보내고 있기 때문이다. 그래서 다음 단계인 패턴 해독에서는 이런 숨겨진 기능들을 인정하고 감사히 여기는 동시에 더 나은 대안을 찾아가는 과정이 필요하다.

2장을 마치며:
시스템 진단의 완료와 다음 단계 예고

축하한다! 당신은 방금 자신의 마음에서 자동 실행되고 있는 다섯 가지 주요 구 버전 OS들에 대한 상세한 시스템 진단을 완료했다. 게다가 각각의 특징과 작동 방식, 트리거와 숨겨진 기능까지 파악했다. 이제 당신은 '아, 내가 지금 완벽주의 OS가 돌아가고 있구나', '지금은 피해의식 프로그램이 실행됐구나'라고 실시간으로 알아차릴 수 있는 능력을 얻게 되었다.

하지만 아직 여정의 절반밖에 오지 않았다. 문제를 진단했다고 해서 자동으로 해결되는 것은 아니다. 이제 우리는 이 구 버전 OS들이 언제, 어떻게, 왜 당신의 마음에 설치되었는지 그 기원을 추적하는 '패턴 해독' 과정으로 넘어가야 한다. 마치 CSI 과학수사팀이 범죄 현장을 분석하듯, 당신의 멘탈 패턴들의 뿌리를 찾아 떠나는 흥미진진한 탐험이 우리 앞에 기다리고 있다.

그 과정에서 당신은 놀라운 사실을 발견하게 될 것이다. 지금까지 자신을 괴롭혔던 이 구 버전 OS들이 사실은 어린 시절, 당신을 보호하려고 작동됐던 지혜롭고 창의적인 생존 전략이라는 점을 말이다. 그 발견은 자기 비난에서 자기 이해로, 자기 혐오에서 자기 수용으로 나아가는 놀라운 치유의 여정이 될 것이다.

CHECK LIST

☑ 다섯 가지 구 버전 OS 중 내 주요 OS 2~3개 식별하기 완료

☑ 상황별 다른 프로그램 실행 패턴 파악하기 완료

☑ 각 OS별 트리거와 숨겨진 기능 이해하기 완료

☑ 대리 분출 패턴 인식하기 완료

☑ 일주일간 OS별 실행 상황 관찰계획 수립하기 완료

2단계: 패턴 해독

― 구 버전 OS의 기원 추적하기

3장

CSI 과학수사로
패턴 뿌리 찾기

언제, 왜 이 시스템을 설치했는지 기록 찾기

1장과 2장을 통해 당신은 현재 돌아가고 있는 구 버전 OS들의 정체를 파악했다. 95%의 무의식적 자동 반응, 다섯 가지 구 버전 OS의 특징과 작동 방식, 그리고 감정-사고-행동 루프까지. 마치 컴퓨터 전문가가 '현재 실행 중인 프로그램'을 하나씩 점검하듯, 당신의 멘탈 시스템에 대한 종합적인 진단을 완료한 것이다.

하지만 아직 한 가지 중요한 퍼즐이 남아있다. 이 구 버전 OS들이 언제, 어떻게, 왜 당신의 마음속에 설치되었는지 그 기원을 추적하는 것이다. 이제 우리는 당신의 멘탈 패턴들의 뿌리를 찾아 떠나는 흥미진진한 탐험을 시작하려 한다. 이 과정을 통해, 지금까지 자신을 괴롭혔던 이 구 버전 OS들이 사실은 어린 시절의 당신을 보호하는 데 필요했던 지혜롭고 창의적인 생존 전략이었다는 것을 발견하게 될 것이다.

어린 시절의 아이가 결정한
어른의 인생

"혹시 어른이 되어서도 가끔 어린아이처럼 반응하는 자신을 발견한 적이 있는가?"

이 질문을 받고 고개를 끄덕이지 않을 사람이 과연 몇이나 될까? 우리는 모두 어떤 상황에서는 갑자기 어린아이로 돌아가는 경험을 한다. 상사가 큰소리를 내면 어린 시절 아버지에게 혼났던 그 공포가 고스란히 재현되고, 누군가 무시하는 듯한 표정을 지으면 학창 시절 따돌림당했던 그 상처가 다시 아려온다.

더 놀라운 것은 이런 반응이 우리 의지와 상관없이 자동으로 일어난다는 점이다. 마치 45세 성인의 몸 안에 네 살, 다섯 살, 여덟 살짜리 아이가 각기 다른 상황에 나타나 주도권을 잡는 것과 같다. 회의실에서는 침착한 관리자였다가 집에 오면 갑자기 삐진 아이가 되고 부모님 앞에서는 또 다른 모습으로 변한다. 이는 단순한 변덕이나 이중성이 아니다. 뇌과학적으로 명확히 설명되는 현상이다.

상황별로 다른 어린아이가
등장하는 신비

우리 뇌에는 마치 여러 개의 내면 아이들이 살고 있는 것 같다. 각각 다른 나이, 다른 상처, 다른 생존 전략을 가진 채로 말이다. 스트레스 상황에서는 네 살 김 대리가 나타나 '위험해, 숨어야 해!'라고 속삭이고, 평가받는 상황에서는 여섯 살 김 대리가 나타나 '완벽하지 않으면 안 돼!'라고 긴장을 촉구한다. 권위자 앞에서는 열한 살 김 대리가 나타나 "조용히 있는 게 안전해!"라며 침묵을 선택하게 한다.

이런 현상이 일어나는 이유는 우리 뇌가 '상황별 기억 저장 시스템'을 가지고 있기 때문이다. 같은 사람이라도 다른 환경에서는 다른 신경 회로가 활성화된다. 마치 컴퓨터에 여러 개의 프로그램이 설치되어 있다가 상황에 따라 다른 프로그램이 실행되는 것과 같다.

예를 들어, 평소에는 자신감 있고 유능한 관리자가 한 분 있었다.

하지만 시어머니와 함께 있을 때만은 갑자기 눈치를 보며 말도 제대로 못 하는 며느리가 되었다. 이는 결혼 초기 시어머니에게 지적받았던 경험이 특정 신경 회로로 저장되어, 비슷한 상황에서 자동으로 그때의 반응 패턴이 재현되는 것이다. 또 다른 사례로, 직장에서는 논리적이고 합리적인 판단을 내리는 분이 있었다. 하지만 친구들 모임에서는 갑자기 인정받고 싶은 아이처럼 변해서 과도하게 자랑하거나 허풍을 떨었다. 이는 학창 시절 친구들 사이에서 주목받고자 애썼던 패턴이 여전히 작동하는 것이었다.

 이처럼 우리 안에는 여러 개의 '내면 아이'들이 각기 다른 생존 전략을 가지고 살아가고 있다. 문제는 이 아이들이 여전히 과거의 환경에 살고 있다는 점이다. 수십 년 전의 상황에서는 미성숙한 어린 아이가 취한 생존전략이기 때문에 상황과 맥락에 맞는 완벽한 해결책이 아니었을 뿐 아니라 지금의 현실과는 더더욱 맞지 않는 일이 빈번하다.

뇌과학이 밝혀낸
어린 시절 기억의 비밀

이런 현상의 뇌과학적 배경을 살펴보면 더욱 흥미롭다. 특히 0세부터 18세까지의 경험은 뇌의 기본 구조를 형성하는 결정적 시기에 축적된 것이기에, 이때 만들어진 신경 회로는 성인이 되어서도 강력한 영향력을 행사한다. 더욱 놀라운 것은 감정과 관련된 기억들은 일반적인 기억과는 다른 방식으로 저장된다는 점이다.

편도체라는 뇌의 감정 중추에 각인된 이 '감정 기억들'은 시간이 지나도 색바래지 않고, 유사한 상황이 발생하면 0.1초 만에 활성화되어 과거의 감정 반응을 고스란히 재현한다. 이는 마치 컴퓨터의 백그라운드에서 돌아가는 상주 프로그램과 같다. 우리가 의식하지 못하는 사이 끊임없이 주변 환경을 스캔하면서 '위험 신호'를 감지하고 있는 것이다.

특히 어린 시절의 뇌는 '생존 모드'로 작동한다. 복잡한 상황 분석보다는 '안전한가? 위험한가?'의 이분법적 판단을 우선시한다. 그래서 어린아이들의 결론은 대부분 극단적이고 절대적이다. '완벽해야 안전하다', '틀리면 위험하다', '혼자 있으면 버림받는다'와 같은 단순하고 강력한 공식들이 만들어지는 것이다.

더욱 놀라운 사실은 이런 감정 기억들이 '암묵 기억 Implicit Memory'의 형태로 저장된다는 점이다. 일반적인 기억처럼 '그때 그랬지'라고 의식적으로 떠올리는 것이 아니라, 몸의 감각과 반응으로 자동 재생된다. 그래서 왜 이런 반응을 보이는지 본인도 모르는 경우가 많다. "나도 모르게 그냥 불안해져", "이유 없이 화가 나"라고 표현하는 것이 바로 이 때문이다.

실제로 필자가 코칭한 고객 중 인상 깊었던 분이 있었다. 김 대리(35세)는 평소에는 침착하고 능력 있는 직장인이었지만, 누군가 큰소리를 내거나 화를 내는 상황에서는 갑자기 말을 못 하고 몸이 굳어버리는 증상을 겪고 있었다. 함께 그 패턴의 기원을 추적해 보니, 네 살 때 아버지가 술에 취해 큰 소리로 화를 내며 물건을 던진 기억이 발견되었다. 그 순간 네 살 김 대리는 '큰소리가 나면 위험하다, 조용히 숨어있어야 안전하다'는 생존 법칙을 마음에 새겼고, 이것이 31년이 지난 지금까지도 자동으로 작동하게 되었다.

이처럼 어린 시절의 강렬한 경험은 우리 인생의 기본 운영체제를 결정한다. 마치 4세 아이가 45세 어른의 인생을 좌우지하는 격이다. 하지만 여기서 중요한 것은 그때의 결정이 틀렸다는 것이 아니다. 그건 당시 상황에서는 최선의 생존 전략이었다.

뇌과학자들이 발견한 놀라운 사실이 있다. 어린 시절의 뇌는 성인의 뇌와 완전히 다른 방식으로 작동한다는 것이다. 특히 5세 이전의 뇌는 논리적 사고를 담당하는 전전두엽이 아직 완전히 발달하지 않은 상태다. 대신 생존을 담당하는 원시적 뇌 부분이 주도권을 잡고 있다. 그래서 어린아이들은 복잡한 상황 분석 없이 '안전 vs. 위험'의 단순한 이분법으로 세상을 인식한다.

네 살 김 대리에게는 아버지의 술 취한 모습이 곧 생존의 위협이었다. 그 순간 어린 뇌는 즉석에서 생존 매뉴얼을 작성했다. '큰 소리 = 위험 신호', '조용히 숨기 = 생존 전략.' 그때 이 매뉴얼은 어린 김대리를 안전하게 지키는데 도움이 되었다. 하지만 31년이 지난 지금, 회의실에서 상사가 목소리를 높이는 것은 생존의 위협이 아님에도 불구하고, 여전히 같은 매뉴얼이 자동 실행되고 있는 것이다.

이것이 바로 '내면 아이가 성인의 인생을 결정한다'는 뇌과학적 메커니즘이다. 어린 시절 만들어진 생존 매뉴얼은 뇌의 깊숙한 곳에 '자동 보안프로그램'으로 저장되어 유사한 상황이 발생할 때마다 성인의 이성적 판단보다 먼저 작동한다.

6초의 발견과 변화의 갈림길

패턴 해독 과정에서 가장 중요한 발견은 바로 감정 조절의 '황금시간' 개념이다. 앞서 프롤로그에서 언급했듯이, 저는 변화에 성공한 고객들의 공통점을 분석하던 중 흥미로운 패턴을 발견했다. 그들 모두 "잠깐 멈췄어요", "한 박자 쉬고 생각해봤어요"라는 식의 비슷한 표현을 사용하고 있었던 것이다.

이것이 하버드 대학교의 신경과학자 질 볼트 테일러 J. B. Taylor 박사의 통찰과 연결되는 순간, 새로운 관점이 생겨 났다. 한편 감정지능 분야에서는 '6초 멈춤'이라는 상징적 기법이 널리 활용되고 있다. 일부 연구와 현장 보고에서는 감정이 올라올 때 수 초가 지나면 이성뇌가 개입할 수 있는 여유가 생긴다는 근거가 제시된다. 즉, 아무리 강한 감정의 파도라도 잠시만 기다리면 자연스럽게 진정될 수 있다는 뜻이다.

우리 뇌는 2층 구조로 이해할 수 있다. 0.1초 만에 반응하는 감정 뇌(1층)와 수 초 후에 활성화되는 이성 뇌(2층). 대부분의 사람은 감정이 올라오는 순간 즉시 반응하여 1층에 머무른다. 하지만 잠깐만 버티면 마치 엘리베이터를 타고 2층으로 올라가듯 이성뇌가 작동하기 시작한다. 이 짧은 시간은 단순히 감정을 억제하는 시간이 아니다. 구 버전 OS의 자동 실행을 잠시 멈추고, "잠깐, 지금 어떤 프로그램이 돌아가고 있지? 다른 선택은 없을까?"라고 물을 수 있는 '황금시간'인 것이다.

실제로 김 대리의 경우, 의식적 멈춤을 연습한 다음 의미 있는 변화를 경험했다. 처음에는 상사가 큰소리를 내는 순간 여전히 몸이 굳었지만, 잠깐 깊게 숨을 고르면서 '아, 지금 내 생존 안전 OS가 켜지려고 하는구나'라고 인식할 수 있게 되었다. 그래서 "지금은 1988년이 아니라 2024년이고, 저분은 술 취한 아버지가 아니라 그냥 스트레스가 많은 직장 상사다"라는 현실 인식이 가능해졌다.

이것이 바로 패턴 해독의 진정한 목적이다. 자동 반응이 일어나기 전에 '아, 이건 내가 어린 시절에 설치한 안전 OS구나. 그때는 필요했지만, 지금은 다른 선택이 가능하다'고 인식할 수 있게 되는 것이다. 이 순간이 바로 무의식적인 희생자에서 의식적인 선택자로 전환되는 변화의 갈림 길이 된다.

뇌과학 연구들에 따르면, 의식적인 멈춤과 호흡은 전전두엽을 활성화시키고 편도체의 활동을 진정시킨다. 감정뇌에서 분비된 코르티솔, 아드레날린 등의 스트레스 호르몬이 점차 분해되면서 몸의 긴장이 풀리는 동시에 이성뇌의 전전두엽이 활성화되기 시작한다. 마치 컴퓨터가 안전 모드에서 정상 모드로 전환되는 것과 같다.

이 짧은 멈춤을 놓치면 우리는 자동으로 구 버전 OS의 지배를 받는다. 하지만 이 순간을 잡으면 '지금 이 상황을 어떻게 해석할 것인가?'를 스스로 선택할 수 있는 주도권을 쥐게 된다. 이것이 바로 멘탈디자인의 핵심이다.

멘탈 수사팀의 과학수사: CSI처럼 패턴 기원 추적하기

이제 본격적으로 CSI 과학수사팀이 되어 당신의 패턴 기원을 추적해보겠다. 마치 범죄 현장에서 지문과 DNA를 분석하여 범인을 찾아내듯 우리는 현재의 패턴에서 과거의 흔적을 찾아 최초 설치 시점을 찾아갈 것이다.

패턴 해독의 5단계 심화 과정

CSI 과학수사를 진행할 때는 체계적인 단계를 거쳐야 한다. 4차원 해독법을 더욱 구체적으로 적용하면, 다음과 같은 5단계 심화 과정을 거칠 수 있다.

1단계 현재 패턴을 정확하게 관찰하기

가장 먼저 해야 할 것은 현재 반복되는 패턴을 정확히 관찰하는 것이다. '언제, 어떤 상황에서, 어떤 감정이 올라오고, 어떤 생각이 들며, 어떤 행동을 하는가?'를 마치 제3자가 관찰하듯 객관적으로 기록해야 한다.

예를 들어, 지영 씨의 경우 "상사가 일에 대해 피드백을 줄 때 ⇨ 가슴이 두근거리고 얼굴이 빨개짐 ⇨ '내가 또 실수했구나, 능력 없다고 생각할 거야' ⇨ 과도하게 사과하고 변명함"이라는 패턴을 발견했다.

2단계 감정의 강도와 몸의 반응 추적하기

단순히 '불안하다', '화난다'가 아니라 감정의 강도를 1~10점으로 표시하고, 몸의 어느 부분에서 어떤 감각이 나타나는지 세밀하게 관찰한다. 이는 나중에 패턴이 활성화되는 순간을 더 빨리 알아차리는 데 도움이 된다.

지영 씨는 '가슴 중앙이 꽉 막히는 느낌(강도 8점), 목구멍이 조이는 느낌(강도 7점), 손바닥에 땀이 남(강도 6점)'이라고 구체적으로 기록했다.

3단계 최초의 기억으로 여행 떠나기

이제 그 감정과 몸의 감각을 느끼면서 '이와 비슷한 감정을 언제 처음 느꼈을까?'라고 자신에게 물어본다. 마치 시간 여행을 하듯 기억을 거슬러 올라가면서 가장 오래된 기억을 찾아본다.

4단계 그때 그 아이의 입장에서 이해하기

최초의 기억을 찾았다면, 그때 그 아이의 입장에서 상황을 재해석해본다. '그 아이에게는 왜 그런 선택이 최선이었을까?', '그때 그 아이가 진짜 원했던 것은 무엇이었을까?'라고 질문한다.

5단계 현재와 과거의 차이점 인식

마지막으로 과거의 상황과 현재 상황이 어떻게 다른지 명확히 구분한다. '그때는 어린아이였지만 지금은 어른이다', '그때는 선택권이 없었지만, 지금은 다양한 선택이 가능하다'는 현실을 인식하는 것이다.

4차원 DNA 해독법: 패턴의 완전한 지도

모든 무의식적 패턴에는 네 가지 핵심 DNA가 숨어있다. 이를 해독하면 패턴의 정체를 완전히 파악하고, 자기 비난이 자기 이해로 바뀌는 놀라운 치유 효과를 경험할 수 있다. 마치 DNA 검사로 조상을 추적하듯 패턴의 DNA를 해독하면 그 기원과 목적을 명확히 알게 된다.

첫 번째 DNA: 언제When – 최초 형성 시점과 상황

패턴이 처음 만들어진 순간을 찾는 것이 가장 중요하다. 이는 마치 고고학자가 유물의 연대를 측정하는 것과 같다. 정확한 시점을 알아야 그때의 맥락을 이해할 수 있기 때문이다.

대부분의 핵심 패턴들은 세 개의 결정적 시기에 형성된다.

기본적 안전감 형성 시기(0~7세)

이 시기에는 '나는 안전한가?', '나는 사랑받는가?'에 대한 기본적인 신념이 형성된다. 부모의 반응, 가정 분위기, 형제와의 관계 등이 평생의 안전 OS를 결정한다. 이 시기의 뇌는 아직 논리적 사고보다는 감정과 직감에 의존하기 때문에 단 한 번의 강렬한 경험이 평생을 좌우하는 신념을 만들어낼 수 있다.

사회적 규칙 학습 시기(7~12세)

학교라는 사회에 진입하면서 '어떻게 해야 인정받는가?', '무엇이 성공인가?'에 대한 성취 OS가 설치된다. 성적, 친구 관계, 선생님의 평가 등이 중요한 영향을 미친다. 이 시기에는 '완벽해야 한다', '1등이 아니면 안 된다', '틀리면 부끄럽다' 같은 성취 관련 신념들이 주로 형성된다.

정체성 형성 시기(13~18세)

사춘기를 거치면서 '나는 누구인가?', '나는 어떤 사람인가?'에 대한 정체성 OS가 만들어진다. 이 시기의 상처나 성공 경험은 자아상에 큰 영향을 미친다. 특히 또래 관계에서의 경험이 '나는 인기 있는 사람인가?', '나는 매력적인 사람인가?'와 같은 자존감 관련 신념을 결정한다.

흥미로운 점은 '같은 사건이라도 아이의 나이에 따라 완전히 다른 패턴을 만들어낸다는 것'이다. 예를 들어, 부모의 이혼이라는 사건이 세 살에 일어나면 '나 때문에 헤어진 거야'라는 자책 패턴이 만들어지지만, 열세 살에 일어나면 '어른들은 믿을 수 없어'라는 불신 패턴이 형성될 수 있다.

또한, 패턴이 형성되는 시점의 가족 상황, 경제적 환경, 사회적 분위기도 중요한 영향을 미친다. 1980년대와 2000년대에 자란 아이들이 다른 패턴을 갖게 되는 것도 이 때문이다. 예를 들어, 완벽주의 OS가 강한 지영 씨(32세)를 예로 살펴보겠다. 함께 추적해 본 결과, 여덟 살 때 받아쓰기 숙제를 대충 해갔더니 엄마가 "이렇게 대충 하면 선생님께 혼날 거 같은데 다시 해와야겠다"라며 실망스러운 표정을 지었던 기억이 발견되었다. 그 순간 여섯 살 지영이는 '완벽하지 않으면 엄마가 실망한다, 완벽해야 사랑받는다'는 생존 법칙을 마음에 새겼던 것이다.

하지만 여기서 중요한 점은 지영 씨의 엄마가 나쁜 의도를 가졌던 것이 아니라는 것이다. 엄마는 단순히 딸이 학교에서 선생님께 혼나지 않기를 바라는 선한 마음에서 그런 말을 했을 뿐이다. 하지만 여덟 살 아이의 뇌는 그 미묘한 맥락을 이해할 수 없었고, '완벽하지 않으면 사랑을 잃는다'는 단순하고 절대적인 공식으로 받아들인 것이다.

두 번째 DNA: 누구Who – 관련 인물들

패턴 형성에 영향을 미친 주요 인물들을 파악하는 것도 중요하다. 주로 부모, 형제자매, 교사, 친구 등 밀접한 관계의 인물들이 우리의 핵심 신념 형성에 결정적인 역할을 한다. 하지만 여기서 중요한 것은 그들을 비난하기 위함이 아니라, 당시의 상황과 맥락을 이해하기 위함이다.

현우 씨(38세)의 경우, 강한 통제 OS의 뿌리를 추적해 보니 아버지와의 관계에서 시작되었음을 알 수 있었다. 아버지는 군인 출신으로 매우 엄격했고, '남자는 모든 것을 완벽하게 관리할 수 있어야 한다'는 메시지를 자주 전달했다. 하지만 더 깊이 들여다보니, 아버지 역시 어려운 환경에서 자수성가하면서 '통제하지 않으면 생존할 수 없다'는 신념을 갖게 된 것이었다.

현우 씨의 아버지는 1960년대에 태어나 가난한 농촌에서 자랐다. 그 시대에는 철저한 자기 관리와 통제가 없으면 진짜로 굶어 죽을 수도 있는 환경이었다. 그래서 아버지에게 '통제'는 단순히 성격이 아니라 생존을 위한 필수 덕목이었다. 이런 환경에서 자란 아버지가 아들에게 '남자는 모든 것을 관리할 수 있어야 한다'고 가르친 것은 아들을 사랑하는 마음에서 비롯된 것이었다.

하지만 열 살 현우는 그런 시대적 배경을 이해할 수 없었다. 아이에게는 아버지의 말이 곧 절대적인 진리였고, '통제하지 못하면 가치 없는 사람이다'라는 신념으로 받아들여졌다.

세 번째 DNA: 무엇을 What – 핵심 신념과 메시지

패턴 뒤에 숨겨진 '핵심 신념'을 파악하는 것이 중요하다. 이는 당시 상황에서 자신을 보호하기 위해 만든 생각의 공식이다. 이런 신념들은 대개 단순하고 절대적인 형태로 저장된다.

어린아이의 뇌는 복잡한 상황을 단순한 공식으로 정리하려는 특성이 있다. 마치 '만약 A이면 B이다'라는 프로그래밍 언어의 조건문처럼 말이다.

지영 씨의 경우 '완벽하지 않으면 버림받는다', '실수하면 가치가 없다', '조용히 있으면 안전하다'라는 핵심 신념들이 발견되었다. 현우 씨는 '모든 것을 내가 통제해야 안전하다', '다른 사람을 믿으면 배신당한다', '권위는 힘으로 세워야 한다'라는 신념이 있었다. 이런 신념들은 대부분 '~하면 안전하다', '~하지 않으면 위험하다'의 형태를 띤다. 어린아이에게는 '안전 vs. 위험'이 세상을 이해하는 가장 기본적인 프레임이기 때문이다. 이 신념들은 한번 형성되면 뇌의 깊숙한 곳에 '비상시 작동 매뉴얼'로 저장되어 성인이 되어서도 유사한 상황에서 자동으로 실행된다.

흥미로운 점은 이런 신념들이 대부분 절대적이고 예외 없는 형태라는 것이다. '항상, 절대, 반드시, 모든'과 같은 극단적인 단어들이 많이 포함된다. 이는 어린아이의 뇌가 아직 미묘한 차이나 예외 상황을 인식할 수 있을 만큼 발달하지 않았기 때문이다.

네 번째 DNA: 왜Why – 패턴의 선한 의도와 보호 목적

이것이 가장 중요한 부분이다. 모든 패턴은 당시 상황에서 우리를 보호하려는 '선한 의도'가 있다. 이것을 이해하는 순간, 자기 비난이 자기 이해로, 자기 혐오가 자기 수용으로 바뀌는 놀라운 치유가 일어난다.

지영 씨의 완벽주의는 사실 어린 시절 엄마의 사랑을 잃을까 두려워 만들어진 보호 전략이다. '완벽하게 하면 엄마가 기뻐하고 나를 사랑해 줄 거야. 그러면 나는 안전해'라는 지혜로운 생존 방식이었던 것이다. 현우 씨의 통제욕 역시 '내가 모든 것을 관리하면 가족이 안전할 거야. 아버지가 원하는 아들이 될 수 있어'라는 선한 의도에서 비롯되었다.

회피 OS의 경우, '갈등은 위험하니까 피해서 평화를 유지하자'는 보호 전략이다. 비교 OS는 '다른 사람들이 어떻게 하는지 관찰해서 실수하지 않도록 하자'는 학습 전략이다. 피해의식 OS조차 '미리 경계하고 있으면 또 다른 상처를 당하지 않을 수 있어'라는 방어 전략이다.

이처럼 모든 구 버전 OS는 그때 그 상황에서 우리를 지켜준 고마운 시스템이다. 문제는 3~40년이 지난 지금까지도 여전히 같은 시스템이 작동하고 있다는 점이다. 마치 1990년대에 설치된 바이러스 백신이 아직까지도 계속 돌아가면서 무해한 파일까지 차단하는 것과 같다.

원초적 자라 경험:
최초의 상처가 패턴이 되는 과정

'자라 보고 놀란 가슴 솥뚜껑 보고도 놀란다'는 속담을 기억하는가? 1장에서 다룬 이 비유가 패턴 해독에서 가장 중요한 열쇠가 된다. 현재 우리를 힘들게 하는 '솥뚜껑' 같은 상황들은 사실 과거의 '자라' 경험과 연결된 경우가 대부분이다.

우리 뇌의 편도체는 '일단 살고 보자'는 원칙에 따라 움직인다. 한 번 위험했던 것과 비슷한 패턴을 발견하면 무조건 경보를 울린다. 문제는 편도체가 과거와 현재를 구분하지 못한다는 점이다. 오래 전 어린 시절의 경험과 오늘의 상황을 똑같이 취급하며, 과거에 위험했던 것과 비슷한 패턴을 발견하면 0.1초 만에 자동 반응을 일으킨다.

예를 들어, 미연 씨(29세)는 연인 관계에서 상대방이 조금만 늦게 연락해도 '나를 버리려는 것 같다'는 극심한 불안에 시달렸다. 함께

원초적 자라 경험을 찾아보니, 여덟 살 때 부모님이 이혼하시면서 '엄마가 나를 버리고 갔다'는 트라우마가 발견되었다. 그 순간 여덟 살 미연이는 '사람들은 언제든 나를 떠날 수 있다, 미리 신호를 감지해야 한다'는 경계 시스템을 설치했던 것이다.

여덟 살 그녀에게 부모님의 이혼은 세상이 무너지는 경험이었다. 어린아이에게 부모는 곧 생존의 기반이기 때문에 한쪽 부모를 잃는다는 것은 죽음과 같은 공포였다. 그 순간 미연의 뇌는 생존을 위한 조기 경보 시스템을 설치했다. '사랑하는 사람의 관심이 줄어드는 신호 = 버림받을 위험 = 생존 위협'이라는 공식을 만든 것이다.

이 시스템은 어린 그녀를 보호하는 데 도움이 되었을 수도 있다. 실제로 남은 부모의 기분을 세심하게 살피고, 버림받지 않기 위해 착한 아이가 되려고 노력했을 것이다. 하지만 21년이 지난 지금, 연인의 늦은 답장이라는 솥뚜껑은 어린 시절의 자라 경험을 자동으로 활성화시켰다. 현재의 연인은 여덟 살 때의 엄마가 아님에도 불구하고, 뇌는 같은 위험 신호로 인식하여 동일한 경계 반응을 보인 것이다.

이런 패턴 매칭이 항상 문제만 일으키는 것은 아니다. 실제로 이 시스템은 우리가 생존하는 데 꼭 필요한 기능이다. 뜨거운 난로에 한 번 데인 아이가 다음에는 조심하게 되는 것처럼 위험한 패턴을 기억하고 피하는 것은 적응적 반응이다. 문제는 이 시스템이 과도하게 작동하거나 현재 상황과 맞지 않는 과거의 패턴을 계속 적용할 때 발생한다.

정우 씨(41세)도 비슷했다. 그는 직장에서 상사나 동료들과 의견이 다를 때마다 극도로 불안해하며 자기 생각을 숨기는 패턴을 보였다. 원초적 자라 경험을 추적해 보니, 열한 살 때 아버지와 다른 의견을 말했다가 심하게 꾸중 들었던 기억이 발견되었다. 그때 아버지는 "어른 말에 토 달지 마라!"라며 화를 냈고, 어린 정우는 '의견이 다르면 공격받는다, 조용히 따라가는 게 안전하다'는 회피 OS를 설치했던 것이다.

하지만 열한 살 그에게는 그것이 최선의 선택이었다. 실제로 그 후로 아버지와 갈등 없이 평화롭게 지낼 수 있었고, 가정의 분위기도 좋아졌다. 문제는 30년이 지난 지금, 직장에서의 건설적인 토론까지도 '위험한 갈등으로 인식하는 부분'이다.

감정 기억의 위력과
신경 경로 추적

감정 기억이 일반적인 기억과 다른 점은 '시간 개념의 부재'이다. 일반적인 기억은 '그때 그랬었지'라는 과거의 사건으로 저장되지만, 감정 기억은 마치 '지금 일어나고 있는 일'처럼 생생하게 재현된다. 이는 대뇌의 변연계Limbic System에 존재하는 아몬드 모양의 뇌 부위인 편도체扁桃體, Amygdala가 감정을 조절하고, 공포 및 불안에 대한 학습 및 기억에 중요한 역할을 하는데, 시간을 구분하지 못하는 뇌의 원시적 부분이기 때문이다.

더욱 놀라운 것은 감정 기억이 '신경 고속도로를 만든다'는 점이다. 1장에서 설명한 '잔디밭에서 12차선 고속도로'까지의 과정이 감정이 개입된 경험에서는 훨씬 빠르게 일어난다. 강렬한 감정이 동반된 경험은 단 한 번만으로도 평생을 좌우하는 신경 회로를 만들어낼 수 있다. 이를 '일회 학습One-Trial Learning'이라고 부른다.

한 번 화재를 경험한 사람은 연기 냄새만 맡아도 즉시 공포 반응을 보인다. 예를 들어, 어릴 때 개에게 물린 경험이 있으면 성인이 되어서도 개를 무서워하고, 한 번 화재를 경험이 평생의 자동 반응 패턴을 결정할 수 있다. 이 과정의 핵심은 감정과 기억의 결합이다. 위협적 사전으로 강렬한 감정이 발생하면 뇌는 '아드레날린'과 '노르아드레날린'이라는 호르몬을 대량 분비한다. 이런 호르몬들은 기억을 강화하는 역할을 하는데, 마치 형광펜으로 줄을 그어 표시하는 것처럼 해당 경험을 중요한 기억으로 각인시키며, 다시는 잊지 않도록 만든다. 그래서 일회 학습은 반복이 없어도 생존에 필요한 정보를 빠르게 기억하게 해 주지만, 때로는 현재 상황에서 불필요한 과잉 반응으로 이어질 수도 있다.

특히 어린 시절의 뇌는 성인의 뇌보다 감정 호르몬에 더 민감하게 반응한다. 성인에게는 별일 아닌 사건도 아이에게는 강렬한 감정적 충격으로 다가올 수 있고, 이는 즉시 신경 고속도로로 저장된다. 그래서 "별것 아닌 일로 왜 그렇게 트라우마가 되었을까?"라고 의아해하는 일이 많지만, 실제로는 어린아이의 뇌에서는 충분히 강렬한 경험이었을 수 있다.

하지만 여기서 희망적인 소식이 있다. 뇌의 '신경가소성Neuroplasticity'

덕분에 우리는 평생에 걸쳐 새로운 신경 연결을 만들고 기존 연결을 재구성할 수 있다는 것이다. 아무리 견고한 12차선 고속도로라도 새로운 경로를 충분히 반복하면 경쟁할 수 있는 새로운 고속도로를 건설할 수 있다.

런던 택시 운전사들을 연구한 유명한 실험이 있다. 복잡한 런던 시내의 모든 길을 외워야 하는 택시 운전사들의 뇌를 MRI로 촬영해보니, 공간 기억을 담당하는 해마 부분이 일반인보다 물리적으로 더 크게 발달해있었다. 이는 새로운 학습과 반복이 실제로 뇌의 구조를 바꿀 수 있다는 증거다.

부모님도 상처받은 아이였다는 이해

패턴 해독 과정에서 가장 중요한 깨달음 중 하나는 '부모님도 상처받은 아이였다'는 이해다. 우리를 힘들게 했던 부모님의 말이나 행동도, 그분들만의 상처와 생존 전략에서 나온 것이라는 점을 깨닫는 순간, 원망이 연민으로 바뀌는 놀라운 치유가 일어난다.

예를 들어, 늘 "넌 왜 그렇게 못하니?"라며 비판적인 말을 했던 엄마의 경우를 생각해 보자. 그 엄마 역시 어린 시절 할머니로부터 '완벽하지 않으면 인정받지 못한다'는 메시지를 받으며 자랐을 가능성이 높다. 그래서 자신의 아이도 '완벽해야 세상에서 살아남을 수 있다'고 믿으며 나름의 선한 의도로 엄격하게 키우려 했던 것이다.

실제로 지영 씨의 엄마(현재 62세)와 개별 면담을 진행한 적이 있다. 엄마는 "딸이 세상에서 무시당하지 않았으면 해서 엄격하게 키웠다"고 했다. 더 깊이 대화해 보니, 엄마 자신도 어린 시절 외할머니로부터 "여자는 뭐든 완벽하게 잘해야 시집가서 무시당하지 않아"는 말을 수없이 들으며 자랐다는 사실이 밝혀졌다.

지영 씨 엄마의 어린 시절은 1960년대였다. 그때는 여성에 대한 사회적 기대가 지금과는 완전히 달랐다. 조금이라도 부족해 보이면 정말로 무시당하고 차별받을 수 있는 시대였다. 그런 환경에서 자란 엄마에게 완벽함은 딸을 보호하는 방패막이었던 것이다.

우리 부모님 세대는 경제적으로 어려운 시기를 겪으면서 '생존'이 최우선 과제였다. 그 시대에는 감정적 여유나 심리적 안정보다는 먹고사는 문제가 더 절박했다. 그런 상황에서 아이의 감정을 세심하게 돌보는 것은 사치로 여겨졌을 수 있다.

현우 씨의 아버지 역시 마찬가지였다. 아버지는 1960년대 시골에서 7남매 중 막내로 태어났다. 집안이 워낙 가난해서 형들은 모두 중학교도 제대로 마치지 못했지만, 아버지만큼은 공부를 잘해서 장학금으로 대학까지 마칠 수 있었다. 하지만 그 과정에서 철저한 자기 관리와 완벽한 통제 없이는 기회를 잡을 수 없다는 것을 몸소 체험했다. 그런 아버지에게 통제는 사치가 아니라, 생존 기술이었다. 조금이라도 방심하면 다시 가난으로 돌아갈 수 있다는 두려움이 항상 있었던 것이다. 그래서 아들에게도 같은 생존 기술을 가르치려 했다.

이런 맥락을 이해하면, 부모님을 원망하는 대신 '아, 우리 부모님도 그때는 최선을 다하셨던 것이구나. 그분들도 어려운 상황에서 나름대로 나를 사랑하려고 하셨구나'라는 연민의 마음이 생긴다. 이는 단순히 부모님을 위한 것이 아니라, 자신의 내면에 있는 비판적인 목소리들을 치유하는 과정이기도 하다.

우리 내면의 '독설가'는 사실 어린 시절에 들었던 비판적인 목소리들이 내재화된 것이다. 그 목소리들의 뿌리를 이해하고 연민 어린 눈으로 바라보는 순간, 자기비판의 강도가 놀랍도록 줄어든다.

3장을 마치며:
자기 비난에서 자기 이해로의 여행

축하한다. 당신은 방금 자신의 멘탈 패턴에 대한 깊이 있는 과학수사를 완료했다. CSI 수사팀처럼 4차원 해독법을 통해 패턴의 DNA를 분석하고, 어린 시절의 아이가 성인 인생을 좌우지하는 메커니즘을 이해했으며, 원초적 자라 경험에서 현재의 솥뚜껑 반응까지의 연결고리를 발견했다. 가장 중요한 것은 자기 비난에서 자기 이해로의 놀라운 여행을 완성했다는 점이다.

'왜 나는 이렇게 못났을까?'라는 자책에서 '아, 그때는 어쩔 수 없었구나. 나름대로 최선을 다했던 거구나'라는 자기 연민과 이해로 변화하게 된 것이다. 지금까지 자신을 괴롭혔던 패턴들이 사실은 어린 시절 자신을 보호하고자 펼쳤던 지혜로운 생존 전략이었다는 것을 깨달으며 패턴에 대한 관점이 완전히 바뀌었다.

부모님도 상처받은 아이였다는 이해를 통해 원망에서 연민으로 나아가는 깊은 치유를 경험했다. 6초의 발견을 통해서는 자동 반응과 의식적 선택 사이의 황금시간을 확보하는 방법을 터득했다.

하지만 이제 진짜 여정이 시작된다. 패턴의 기원을 이해했다면, 지금부터는 그 패턴들과 구체적으로 어떤 새로운 관계를 맺을 것인지 결정해야 한다. 4장에서는 이 모든 이해를 바탕으로 패턴들의 선한 의도를 더욱 깊이 인정하고, 구 버전 OS에 감사하며 새로운 협력을 제안하는 구체적인 방법을 배우게 된다. 그 과정에서 당신은 자신의 모든 면을 사랑하고 수용하는 놀라운 치유를 경험하게 될 것이다.

CHECK LIST

- ✓ 내 패턴의 4차원 DNA 해독 완료하기 (언제, 누구, 무엇, 왜)

- ✓ 원초적 자라 경험과 현재 솥뚜껑 반응 연결 파악하기 완료

- ✓ 6초 황금시간 인식과 활용법 이해하기 완료

- ✓ 패턴의 선한 의도와 보호 목적 발견하기 완료

- ✓ 부모님과 세대적 맥락에 대한 이해하기 완료

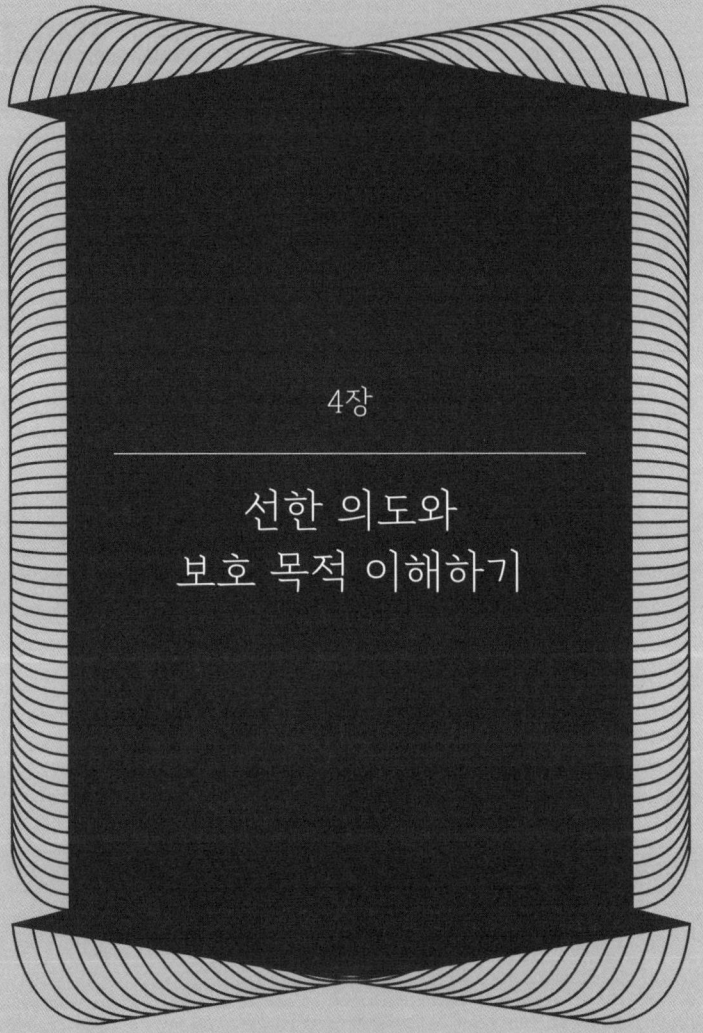

4장

선한 의도와
보호 목적 이해하기

구 버전 OS에게 감사하고
새로운 협력 제안하기

3장에서 CSI 과학수사팀이 되어 패턴의 DNA를 해독했다면, 이제 가장 중요한 단계가 기다리고 있다. 바로 그동안 자신을 괴롭혔던 구 버전 OS들의 '선한 의도'를 진정으로 이해하고, 적대적 관계에서 협력적 관계로 전환하는 것이다. 이 과정에서 당신은 자기 비난에서 자기 수용으로, 자기 혐오에서 자기 연민으로 나아가는 놀라운 치유를 경험하게 될 것이다.

30년간 나를 지켜온 경비견 이야기

당신의 마음속에 30년간 밤낮으로 집을 지켜온 경비견이 있다고 상상해 보자. 이 보안프로그램은 어린 시절부터 당신을 위험에서 보호하기 위해 단 한순간도 쉰 적이 없다. 누군가 조금이라도 당신에게 위협적으로 보이면 즉시 짖어서 알리고, 당신이 상처받지 않고 아프거나 힘들지 않게 하느라 애써왔다.

그런데 이제 당신이 성인이 되어 안전한 환경에서 살게 되었다. 더 이상 어린 시절처럼 위험하지도 않고, 실수해도 치명적이지 않으며, 사람들도 예전만큼 무섭지 않다. 하지만 이 경비견은 여전히 유치원 시절의 그 방식으로 당신을 지키려 한다. 조금만 위험해 보여도 위험 신호를 보내고 새로운 도전이 오면 "위험해, 하지 마!"라고 당신을 움직이지 못하게 막아선다.

그때 당신은 이 경비견을 어떻게 해야 할까? "너는 이제 필요 없어. 사라져!" 하며 내쫓을 것인가? 아니면 "그동안 정말 고생 많았어. 덕분에 내가 안전하게 자랄 수 있었지. 이제는 좀 더 편안하게 지내도 괜찮을 것 같은데, 함께 새로운 방법을 배워볼까?"라고 대화를 시도할 것인가?

바로 이것이 우리가 자신의 패턴들과 맺어야 할 관계다. 완벽주의든, 피해의식이든, 회피든, 통제든, 비교든 모든 패턴은 어린 시절부터 당신을 지켜온 충실한 경비견들이다. 그들을 적으로 만들 것인지 협력자로 만들 것인지는 전적으로 당신의 선택에 달려있다.

왜 패턴을 미워하면 더 강해질까?

"완벽주의 때문에 너무 힘들어. 이런 성격 고치고 싶어"라고 말하는 사람들을 정말 많이 만났다. 하지만 놀랍게도 패턴을 미워하고 없애려고 하면 할수록 그 패턴은 더욱 강해진다. 왜 그럴까?

뇌의 생존 본능이 작동하기 때문이다

우리 뇌는 기본적으로 '생존 기계'이다. 수십 년 동안 자신을 지켜온 시스템을 갑자기 '적'으로 규정하고 제거하려 하면, 뇌는 이를 생존의 위협으로 인식한다. 마치 면역 시스템이 외부 침입자를 막아내듯 뇌도 기존 패턴을 더욱 강화해서 방어하려고 한다.

실제로 미국의 한 연구팀이 흥미로운 실험을 했다. 참가자들을 두 그룹으로 나누어 한 그룹에는 "당신의 부정적 습관을 강력하게 비판하고 없애려 노력하세요"라고 했고, 다른 그룹에는 "당신의 습관을 이해하고 친구처럼 대화해 보세요"라고 했다. 3개월 후 결과는 놀라웠다. 첫 번째 그룹은 오히려 부정적 습관이 더 강해졌고, 두 번째 그룹은 자연스럽게 습관이 변화하기 시작했다.

저항은 저항을 만든다

물리학의 작용-반작용 법칙처럼 심리학에도 비슷한 원리가 있다. "분홍코끼리를 생각하지 마세요"라고 하면 오히려 분홍코끼리가 더 생각나는 것처럼, 패턴을 억압하려고 하면 할수록 그 패턴은 더욱 강하게 튀어나온다.

나의 고객 중 한 분인 정민 씨(32세) 이야기를 들려주겠다. 그는 10년째 완벽주의 때문에 고생하고 있었다. "완벽주의만 없어지면 모든 게 해결될 것 같다"라고 말하며 완벽주의와 치열한 전쟁을 벌이고 있었다. 정민 씨는 완벽하게 하려는 생각이 들 때마다 "안 돼, 이러면 안 돼!"라며 자신을 다그쳤다.

하지만 3개월 후 그는 더욱 지쳐서 나를 찾아왔다. "완벽주의를 없애려고 완벽하게 노력하고 있는 제 모습을 발견했어요. 완벽주의와 싸우는 것조차 완벽하게 하려고 하더라고요." 아이러니하게도 완벽주의를 제거하려는 노력 자체가 또 다른 완벽주의가 되어버린 것이다.

패턴과의 첫 대화: "그동안 고생 많았어!"

우리는 완전히 다른 접근을 시도해보기로 했다. 정민 씨에게 완벽주의를 적이 아닌 '오래된 동료'로 바라보라고 제안하면서 다음과 같은 대화를 나누어보라고 했다.

"완벽주의야, 안녕? 나야. 오늘은 너와 진짜 대화해 보고 싶어서 왔어. 그동안 정말 고생 많았지? 어린 시절부터 지금까지 나를 실패로부터 보호하느라 얼마나 힘들었을까? 덕분에 난 많은 일을 잘 해낼 수 있었고, 주변 사람들에게 '책임감 있는 사람'이라는 인정을 받을 수 있었지. 정말 고마워!"

처음에는 어색했지만, 계속 대화를 나누다 보니 놀라운 일이 벌어졌다. 마음 한구석에서 "그래, 나도 힘들었어. 너를 지키려고 얼마나 애썼는데…"라는 목소리가 들리기 시작한 것이다. 그 순간 정민 씨는 완전히 다른 관점에서 자신의 완벽주의를 바라보게 되었다.

"완벽주의가 저를 괴롭히는 적이 아니라, 저를 지켜주려고 애쓰는 친구였다는 걸 깨달았어요. 갑자기 미안한 마음이 들더라고요. 그동안 얼마나 원망했는데…"

내가 몰랐던 다섯 가지
경비견들의 진짜 모습

이제 1장에서 발견한 다섯 가지 구 버전 OS들의 진짜 모습을 하나씩 들여다보자. 각각의 경비견들이 어떤 선한 의도로 당신을 지켜왔는지 알게 되면, 미움이 감사로, 저항이 협력으로 바뀌는 놀라운 변화를 경험하게 될 것이다.

완벽주의 경비견:
최고가 되고 싶었던 순수한 꿈

현아 씨(29세)는 어린 시절 색칠공부 시간이 가장 행복했다. 크레파스로 조심조심 선을 넘지 않게 칠하고, 색깔 조합도 신중하게 고민했다. 완성된 그림을 엄마에게 보여주면 "우리 딸 정말 잘했네! 이렇게 꼼꼼하게 하는 아이는 처음 봤어"라며 환하게 웃어주었다. 현아는 그 순간이 너무 행복해서 '완벽하게 하면 엄마가 더 기뻐한다'는 것을 배웠다. 하지만 현아 씨의 완벽주의 경비견이 처음 설치된 진짜 이유는 엄마를 기쁘게 하고 싶은 순수한 사랑 때문이었다. '엄마가 웃는 모습을 더 많이 보고 싶어. 내가 최고가 되면 엄마가 자랑스러워하실 거야'라는 아름다운 마음에서 시작된 것이다.

20년이 훨씬 지난 지금도 현아 씨의 완벽주의 경비견은 여전히 그때의 순수함을 간직하고 있다. '현아가 최고가 되어야 해. 그래야 사람들이 인정하고 사랑해 줄 거야. 조금이라도 부족하면 실망할지도 몰라'라고 걱정하며 밤낮으로 그녀를 지키고 있다.

하지만 이제 현아 씨는 완벽하지 않아도 충분히 사랑받을 수 있다는 것을 알게 되었다. 완벽주의 경비견에게도 이렇게 말할 수 있게 되었다. "고마워, 정말 고마워! 덕분에 많은 성취를 이룰 수 있었어. 하지만 이제는 50%만 성취해도 또는 80%만 성취해도 괜찮다는 용기를 키워보자. 완벽하지 않아도 사람들이 나를 사랑한다는 걸 함께 확인해 보자!"

피해의식 경비견:
세상의 불공정함을 견딜 수 없었던 정의로운 마음

태현 씨(35세)는 초등학교 3학년 때부터 반장을 도맡아 했다. 유독 약한 친구들이 괴롭힘당하는 걸 못 참았고, 선생님이 특정 아이만 편애하는 것도 견딜 수 없었다. 그래서 "이건 공평하지 않아요!"라고 용기 내어 말하곤 했다. 그때부터 어린 태현이의 마음속에는 '불공정한 것을 발견하고 바로잡는' 경비견이 자리 잡았다.

그런데 시간이 지날수록 이 경비견은 점점 예민해졌다. 회사에서 동기가 먼저 승진하면 '내가 더 열심히 했는데 왜?', 친구들이 모임 소식을 늦게 알려주면 '나만 빼고 먼저 계획했나?', 연인이 답장을 늦게 하면 '나보다 다른 사람이 더 중요한가?'라고 해석하게 되었다.

태현 씨의 피해의식 경비견의 진짜 정체는 '정의감'이었다. 세상의 모든 약한 존재들이 공평하게 대우받기를 바란 마음, 부당한 것을 그냥 넘어가지 못하는 순수한 양심이 바탕에 있었던 것이다. 다만 그 정의감이 과도하게 작동하면서 모든 상황을 '공정 vs. 불공정'의 프레임으로 해석했을 뿐이다.

이제 그는 피해의식 경비견과 이런 대화를 나눈다. "네가 가진 정의감과 공감 능력은 정말 소중한 선물이야! 덕분에 많은 불공정한 상황을 개선할 수 있었어. 이제는 그 능력을 더 건설적인 방향으로 활용해 보자. 문제를 발견하고 지적하는 것을 넘어서 해결책을 제시하는 쪽으로 발전시켜보면 어떨까?"

회피 경비견:
모든 사람이 상처받지 않기를 바랐던 따뜻한 마음

수진 씨(31세)는 어린 시절 부모님이 자주 다투는 모습을 보며 자랐다. 집안 분위기가 무거워질 때면 수진은 늘 중간에서 "엄마, 아빠 화내지 마세요. 제가 잘못했어요"라며 갈등을 막으려 했다. 어린 수진이는 부모님이 화해하는 모습을 보면 너무 행복해서 '갈등만 없으면 모든 게 해결된다'는 믿음을 가지게 되었다.

성인이 된 지금도 수진 씨의 회피 경비견은 여전히 활동 중이다. 직장에서 의견 충돌이 생기면 "제가 양보할게요", 친구들과 의견이 다르면 "뭐든 좋아", 연인과 갈등이 생기면 "내가 참으면 돼"라며 항상 자신이 한발 물러서곤 했다.

하지만 수진 씨의 회피 경비견의 진짜 정체는 '평화에 대한 깊은 사랑'이었다. 모든 사람이 편안하고 조화로운 관계를 유지하기를 바라는 마음, 누구도 상처받지 않았으면 하는 따뜻한 배려심이 바탕에 있었던 것이다.

이제 수진 씨는 회피 경비견과 이런 대화를 나눈다. "네가 추구하는 평화와 조화는 정말 아름다운 가치야. 덕분에 많은 관계에서 갈등을 예방할 수 있었어. 하지만 이제는 진정한 평화가 갈등을 피하는 것이 아니라, 건설적으로 해결하는 것임을 함께 배워보자. 내 의견도 소중하다는 걸 인정하면서 상대방을 배려하는 균형을 찾아보자."

통제 경비견:
사랑하는 사람들을 지키고 싶었던 깊은 책임감

영호 씨(38세)는 초등학교 6학년 때 아버지가 사업에 실패하면서 집안이 어려워진 경험이 있다. 그때 어머니가 "이제 영호 네가 우리 집안의 기둥이야. 그러니 동생들을 잘 챙기고 엄마 도와줘야 해"라고 말씀하신 순간, 열두 살 영호의 마음속에는 '내가 모든 걸 책임져야 한다'는 통제 경비견이 설치되었다.

성인이 된 영호 씨는 모든 일을 직접 관리하려고 한다. 팀 프로젝트에서도 "내가 다시 검토해 볼게", 집에서도 "가계부는 내가 관리할게", 심지어 아내의 스케줄까지 "내가 정리해 줄게"라며 모든 것을 통제하고자 한다. 주변 사람들은 답답해하지만, 영호는 '내가 안 하면 누가 해?'라고 생각한다.

하지만 영호 씨의 통제 경비견의 진짜 정체는 '사랑하는 사람들을 지키고 싶은 깊은 책임감'이었다. 어린 시절 가족의 경제적 위기를 경험하면서 '내가 잘 관리하면 우리 가족이 안전할 거야'라는 순수한 사랑에서 책임감이 시작된 것이다.

이제 영호 씨는 통제 경비견과 이런 대화를 나눈다. "네가 가족을 지키려는 마음은 정말 아름다워. 덕분에 많은 위기를 잘 넘길 수 있었어. 하지만 이제는 다른 사람들도 충분히 능력이 있다는 걸 믿어보자. 내가 모든 걸 통제하는 것보다 함께 협력하는 것이 더 안전하고 효과적일 수 있어."

비교 경비견:
더 나은 사람이 되고 싶었던 순수한 성장 열망

미경 씨(27세)는 어린 시절부터 "다른 애들은 다 하는데, 너만 못해"라는 말을 자주 들으며 자랐다. 처음에는 속상했지만, 점점 다른 아이들을 관찰하며 배우는 재미를 느꼈다. '저 아이는 어떻게 저렇게 잘하지? 나도 배워봐야겠어'라고 생각하며 끊임없이 노력했다.

성인이 된 미경 씨는 SNS를 보며 하루를 시작한다. 동기들의 승진 소식, 친구들의 결혼 소식, 동창들의 국외여행 사진을 보다 보면, '나는 뭐 하고 있는 거지?'라는 생각이 자동으로 든다. 남과 비교하며 늘 부족함을 느끼지만, 동시에 그것이 성장의 동력이 되기도 한다.

하지만 미경 씨의 비교 경비견의 진짜 정체는 '더 나은 사람이 되고 싶다는 순수한 성장 열망'이었다. 다른 사람들의 장점을 발견하고 배우려는 마음, 꾸준히 발전해 최고의 모습이 되고 싶다는 긍정적인 포부가 바탕에 있었던 것이다.

이제 미경 씨는 비교 경비견과 이런 대화를 나눈다. "네가 성장하려는 열정은 정말 멋져. 덕분에 지속적으로 발전할 수 있었어. 하지만 이제는 남과 비교하기보다 과거의 나와 비교하는 데 집중해 보자. 다른 사람들의 성공은 영감을 얻는 자료로 활용하되, 나만의 고유한 속도와 방향성도 인정하면서 성장해 보자."

디스카운트의 숨겨진 비밀: 왜 우리는 스스로를 깎아내릴까?

첫 번째 디스카운트: 자기 자신 깎아내리기

정우 씨(33세)는 회사에서 프레젠테이션을 성공적으로 끝냈다. 상사도 정말 잘했다고 칭찬했고, 동료들도 엄지척을 보냈다. 하지만 정우의 머릿속에서는 즉시 자기 깎아내리기가 시작됐다.

'운이 좋았을 뿐이야. 질문이 어렵게 안 나와서 다행이었어. 하지만 다음에는 못 할 것 같은데….'

이런 자기 깎아내리기는 어디에서 왔을까? 어린 시절 정우 씨는 아버지에게 "자만하면 안 된다. 겸손해야 해"라는 이야기를 자주 들었고, 조금이라도 자신 있게 말하면 "건방지네"는 소리를 들었다. 그래서 어린 정우는 '스스로를 낮게 평가하는 것이 겸손이고, 겸손한 것이 안전하다'고 학습하게 되었다.

하지만 지금의 정우 씨에게 이런 자기 깎아내리기가 오히려 독이 되고 있다. 성공 경험을 제대로 내재화하지 못해서 자신감이 쌓이지 않고, 다음 도전에 대한 두려움만 커지고 있기 때문이다.

두 번째 디스카운트: 다른 사람들 깎아내리기

혜진 씨(30세)는 팀 프로젝트를 할 때마다 스트레스를 받는다. '어차피 다른 사람들은 대충 할 거야. 결국 내가 다 해야 해'라고 생각하며 혼자서 모든 일을 떠안으려 한다. 동료가 아이디어를 제안해도 "그건 현실성이 없어"라며 즉시 부정적으로 평가한다.

이런 타인 깎아내리기는 언제부터 시작됐을까? 중학교 때 친한 친구가 약속을 어기고 다른 친구와 놀러 간 경험, 고등학교 때 믿었던 선배에게 이용당한 경험, 대학교 때 팀 프로젝트에서 무임승차하는 팀원들 때문에 혼자 밤샘 작업했던 경험들이 쌓이면서 혜진의 머릿속에는 '다른 사람들은 믿을 수 없다'는 신념이 형성된 것이다.

하지만 지금의 혜진 씨에게 이런 타인 깎아내리기가 관계의 벽이 되고 있다. 다른 사람들의 장점이나 가능성을 보지 못하게 하고, 협력의 기회를 스스로 차단하고 있다.

세 번째 디스카운트: 상황과 기회 깎아내리기

성민 씨(36세)는 새로운 기회가 와도 늘 부정적으로 생각한다. 상사가 해외 프로젝트 참여를 제안해도 '어차피 잘 안 될 거야. 지금 경제 상황도 안 좋고, 회사 사정도 어려운데…'라며 스스로 가능성을 차단한다. 친구들이 창업을 권해도 '요즘 창업이 어디 쉬워? 열 곳 중 아홉 곳이 망한다는데…'라며 시도조차 하지 않는다.

이런 상황 깎아내리기는 어린 시절부터 "너무 기대하면 실망만 커진다", "세상이 그렇게 만만하지 않아"라는 메시지를 들으며 형성됐다. 부모님은 현실적인 조언을 해주려는 선한 의도였겠지만, 성민에게는 '기회보다 위험을 먼저 보는' 습관으로 굳어진 것이다.

하지만 지금은 이런 상황 깎아내리기가 성민 씨가 성장하는 데 발목을 잡고 있다. 정말 좋은 기회가 와도 부정적인 면만 보게 되어 도전할 용기를 잃게 만들기 때문이다.

세 가지 디스카운트가 만드는 악순환의 고리

더 무서운 것은 이 세 가지 디스카운트가 서로 연결되어 악순환을 만든다는 점이다.

```
자기 깎아내리기 나는 부족해.
⇩
타인 불신 다른 사람들도 어차피 나를 도와주지 않을 거야!
⇩
기회 회피 이런 상황에서 뭘 할 수 있겠어?
⇩
역시 나는 안 돼!
⇩
처음으로 돌아가서 반복
```

반대로 하나의 디스카운트라도 깨뜨리면 선순환이 시작된다.

```
자기 인정하기 나도 할 수 있어!
⇩
타인 신뢰하기 다른 사람들도 도움을 줄 수 있겠네.
⇩
기회 발견하기 이런 기회를 잘 활용해 보자.
⇩
더 큰 자신감 역시 내가 생각한 대로 잘됐어!
⇩
선순환 반복
```

독설가의 진짜 정체:
상처받은 어린 시절의 목소리

이제 우리 내면에서 끊임없이 비판하고 공격하는 '독설가'의 정체를 파헤쳐 보자. 이 독설가는 도대체 누구이며, 왜 우리를 괴롭히는 것일까?

독설가는 부모님의 목소리가 내재화된 것

상현 씨(34세)의 내면에는 무서운 독설가가 살고 있다. 조금만 실수해도 '너는 정말 바보야', '이것도 못 해?', '다른 사람들은 다 하는데, 왜 너만 못 해'라고 가혹하게 비판한다. 또한, 새로운 도전을 하려고 들면 '무리야, 너 같은 놈이 뭘 할 수 있겠어?'라며 발목을 잡는다.

하지만 이 독설가의 목소리를 자세히 들어보면 묘하게 익숙하다. 바로 어린 시절 들었던 아버지의 목소리와 똑같기 때문이다. "너는 왜 그렇게 덜렁거리니?", "좀 더 똑똑하게 행동해라", "이런 식으로 하면 안 된다"와 같이 아버지가 했던 말들이 고스란히 상현 씨의 내면에 저장돼있는 것이다.

부모님도 상처받은 아이였다는 깨달음

하지만 여기서 중요한 것이 발견된다. 상현 씨의 아버지는 왜 그런 이야기를 한 것일까? 할아버지에게 이야기를 들어보니, 아버지도 어린 시절 엄격한 할아버지로부터 비슷한 말을 들으며 자랐다고 한다.

"네 아버지도 어릴 때 참 착했는데, 우리 아버지가 워낙 엄하셔서…. '남자는 강해야 한다', '약한 모습을 보이면 안 된다'는 말씀을 늘 하셨거든. 그래서 네 아버지도 감정 표현하는 법을 모르고 자랐지."

그 순간 상현 씨는 깨달았다. 아버지도 어린 시절 상처받은 아이였고, 사랑을 표현하는 방법을 배울 기회가 없었던 것이다. 결국 아버지가 상현 씨를 엄격하게 키운 것도 '이 아이가 세상에서 살아남으려면 강해져야 한다'는 나름의 믿음으로 이를 사랑이라 여기셨던 것이다.

세대를 거쳐 전해지는 상처의 연결고리

더 깊이 들여다보니 놀라운 사실이 발견됐다. 할아버지 세대는 일제 강점기와 한국 전쟁을 겪으면서 '감정적 여유'보다는 '생존'이 절박한 시대를 살았다. 그때는 아이에게 따뜻한 말을 해주는 것보다 '강하게 키워서 살아남게 하는 것'이 진짜 사랑이었다.

할아버지에서 아버지, 그리고 상현 씨로 이어지는 3대의 연결고리에는 각각의 시대적 상처와 나름의 사랑이 담긴 것이었다. 할아버지의 전쟁 트라우마, 아버지의 경제적 어려움, 상현 씨의 지금 고민까지 모든 것이 연결돼 있었다.

미안하고 감사한 마음이 드는 순간

이런 맥락을 이해하자 상현 씨의 마음에는 복잡한 감정이 일었다. '아버지를 원망했는데, 아버지도 어쩔 수 없었구나! 그 시대, 그 상황에서는 그게 최선이었을지도 몰라. 아버지 나름대로는 나를 사랑하셨던 거구나.'

상현 씨는 동시에 미안한 마음도 들었다. '아버지도 어린 시절 따뜻한 말을 못 들으며 자라셨을 텐데…. 얼마나 외로우셨을까? 나는 적어도 아버지라는 든든한 버팀목이 있었는데, 아버지는 누구에게 의지하셨을까?' 하는 마음이 들었다. 더불어 감사한 마음도 생겼다. '그래도 아버지가 이렇게 키워주셔서 지금의 내가 있는 거네. 완벽하진 않았지만, 아버지 나름대로 최선을 다하셨구나.'

내면의 독설가와 수호천사 만들기

이제 상현 씨는 내면의 독설가를 완전히 다른 시각으로 바라볼 수 있게 되었다. 독설가는 더 이상 자신을 괴롭히는 적이 아니라, 어린 시절 자신을 지켜주려 했던 아버지의 목소리였던 것이다.

독설가와의 새로운 대화

"독설가야, 그동안 정말 고생 많았어. 네가 아버지의 목소리를 빌려 나를 강하게 만들려고 정말 애썼구나. 아버지도, 할아버지도 모두 나름대로 온 힘을 다했던 거구나. 이제는 비판보다 격려를, 공격보다 지지를 해주면 안 될까? 우리가 함께 새로운 목소리를 만들어 보자."

수호천사 목소리 만들기

상현 씨의 내면에 독설가 대신 '수호천사'를 만들기로 했다. 어린 시절 자신이 듣고 싶었던 따뜻한 말들, 지금의 자신에게 필요한 격려의 말들을 수호천사의 목소리로 만든 것이다.

독설가 너는 또 실수했구나! 정말 바보 같아.
수호천사 괜찮아, 실수는 누구나 해. 이번 경험에서 뭘 배울 수 있을까?
독설가 너 같은 녀석이 뭘 할 수 있겠어?
수호천사 도전하는 네 모습이 멋져! 결과가 어떻든 시도하는 것 자체가 대단한걸.
독설가 다른 사람들은 다 잘만 하는데 왜 너만 못해!
수호천사 모든 사람은 자기만의 속도가 있어. 너의 속도대로 가면 되는거야.

패턴과의 협력 관계 맺기: 구체적인 대화법

이제 각 패턴들과 구체적으로 어떻게 협력 관계를 맺을 수 있는지 실제 대화 예시를 들어보자. 마치 오래된 친구와 진솔한 대화를 나누듯이 말이다.

완벽주의와의 협력 대화

완벽주의야, 오늘 너와 진짜 대화해 보고 싶어. 그동안 우리 사이에 오해가 좀 있었던 것 같아. 나는 네가 나를 괴롭히는 줄 알았는데, 사실 너는 나를 최고로 만들고 싶어 했던 거구나. 어린 시절부터 지금까지 정말 수고 많았어. 덕분에 학교에서도 좋은 성적을 받을 수 있었고, 직장에서도 '꼼꼼하고 책임감 있는 사람'이라고 인정받을 수 있었어. 정말 고마워!

하지만 이제는 조금 다른 방식으로 해보면 어떨까? 완벽이 아니라 80% 완성도를 목표로도 시작할 수 있는 용기를 함께 키워보는 거야. 완벽하지 않아도 사람들이 나를 인정해 준다는 걸 함께 확인해 보자. 실수를 통해 배우는 재미도 함께 느껴보자.

네가 가진 '탁월함을 추구하는 정신'은 그대로 유지하되, 그 기준에 도달하는 과정에서 여유와 재미도 함께 챙기면 어떨까? 나 혼자 완벽하게 하는 것보다 다른 사람들과 함께 더 나은 결과를 만들어가는 것도 시도해 보자.

피해의식과의 협력 대화

피해의식아, 네가 얼마나 예민하고 섬세한지 알고 있어. 다른 사람들이 놓치는 미묘한 차별이나 불공정함을 발견하는 내 능력은 정말 대단해. 덕분에 부당한 상황에서 나를 지킬 수 있었고, 약한 사람들의 마음도 이해할 수 있었지.

하지만 이제는 그 능력을 좀 더 건설적인 방향으로 발전시켜보면 어떨까? '이런 게 문제야!'에서 '이렇게 하면 더 좋겠어'로 한 단계 더 나아가 보자. 문제를 발견하는 것에서 그치지 말고, 해결책을 제시하는 쪽으로 에너지를 써보는 것이지.

네가 가진 정의감과 공감 능력을 활용해서 다른 사람들과 더 깊은 관계를 만들어가는 거야. 상대방의 어려움을 이해하면서도, 내 감정과 욕구도 건강하게 표현하는 방법을 함께 배워보자.

회피와의 협력 대화

회피야, 네가 평화를 사랑하는 마음은 정말 아름다워. 모든 사람이 편안하고 조화로운 관계를 유지하기를 바라는 네 마음 덕분에 많은 갈등을 예방할 수 있었어. 너의 배려심과 섬세한 마음은 정말 소중한 선물이야.

하지만 이제는 진정한 평화가 무엇인지 함께 탐구해 보자. 갈등을 피하고 보는 것이 평화가 아니라, 갈등을 건설적으로 해결하는 것이 진짜 평화일지도 몰라. 작은 갈등부터 시작해서 대화를 통해 문제를 풀어가는 경험을 쌓아보는 거야.

또 내 의견도 소중하다는 걸 인정하면서 상대방을 배려하는 균형 감각을 찾아보자. 네가 추구하는 조화는 나 자신이 없어지는 것이 아니라, 서로 다른 색깔들이 아름답게 어우러지는 것일 거야.

통제와의 협력 대화

통제야, 네가 가족과 팀을 지키려는 마음은 정말 깊고 진실해. 모든 걸 책임지려는 네 마음 덕분에 많은 위기를 잘 넘길 수 있었어. 체계적이고 계획적인 네 능력은 정말 대단해!

하지만 이제는 혼자서 모든 걸 떠안는 것보다 함께 나누는 방법을 배워보길 바랄게. 다른 사람들도 충분히 능력이 있다는 걸 믿어보는 거야. 내가 모든 걸 통제하는 것보다는 함께 협력하는 것이 더 안전하고 효과적일 수 있어.

너의 책임감과 리더십은 그대로 유지하되, 다른 사람도 성장할 수 있는 기회를 주는 쪽으로 발전시켜보는 거야. 통제가 아닌 신뢰를 바탕으로 한 협력을 함께 시도해 보자.

비교와의 협력 대화

비교야, 네가 더 멋지게 성장하려는 열정은 정말 멋져. 다른 사람들의 장점을 발견하고 배우려는 자세 덕분에 너는 지속적으로 발전할 수 있었어. 더 나은 사람이 되고자 하는 네 의지는 정말 아름다워.

하지만 이제는 '남과의 비교'보다 '과거의 나와의 비교'에 집중해보는 거야. 다른 사람들의 성공은 영감을 얻는 자료로 활용하되, 나만의 고유한 속도와 방향성도 인정하자.

그리고 절대적 성장에 집중하면서도 상대적 위치에 대한 집착은 점차 줄여가고, 네가 가진 학습 능력과 성장 의지를 활용해서 나만의 독특한 길을 만들어가 보는 거야.

자기 연민:
내가 나에게 하는 가장 큰 선물

패턴들과의 협력 관계를 맺는 과정에서 가장 중요한 변화는 바로 '자기 연민 Self-Compassion'의 발달이다. 자기 연민이란 자기 자신을 대할 때도 소중한 친구에게 하는 것처럼 따뜻하고 이해심 있는 태도를 보이는 것이다.

자기 연민이 없었던 과거의 나는 실수하면 '바보 같아, 왜 이런 실수를 했지?'라고 자신을 혹독하게 다그쳤다. 다른 사람이 같은 실수를 하면 '괜찮아, 실수는 누구나 할 수 있는 거야'라고 위로하지만, 정작 자신에게는 가혹했다. 마치 내 안에 두 개의 잣대가 있는 것 같았다. 하나는 다른 사람에게 대는 따뜻하고 이해심 있는 잣대, 하나는 나 자신에게 대는 차갑고 비판적인 잣대.

자기 연민을 배운 후의 나는 이제 실수해도 '괜찮아, 이런 일은 누구에게나 있을 수 있어. 이번 경험에서 뭘 배울 수 있을까?'라고 스스로에게 말한다. 힘들 때도 '지금 정말 힘들구나. 이런 어려움은 사람이라면 누구나 겪을 수 있는 거야. 천천히 해보자'라고 위로한다.

신기한 것은 자기 연민의 마음을 기를수록 오히려 실패에서 더 빨리 회복되고, 더 용감하게 도전할 수 있게 된다는 점이다. 실패해도 자신을 따뜻하게 감싸안을 수 있다는 확신이 있으니 실패에 대한 두려움이 줄어드는 것이다.

자기 연민의 세 가지 핵심 요소

지금부터는 자기 연민의 세 가지 핵심 요소를 살펴보겠다.

첫째, 자기 친절Self-Kindness이다. 이는 자신의 부족함이나 실수를 발견했을 때 비판 대신 이해를 선택하는 것이다. '나는 왜 이렇게 못났을까?'가 아니라 '그때는 어쩔 수 없었구나. 나름대로 최선을 다했던 거구나'라고 반응한다.

둘째, 함께하는 인간다움Common Humanity이다. 이는 자신의 어려움을 개인적인 결함으로 보지 않고, 인간이라면 누구나 겪을 수 있는 보편적인 경험으로 인식하는 것이다. '나만 왜 이렇게 힘들어!'가 아니라, '이런 어려움은 사람이라면 누구나 겪을 수 있는 일이야'라고 생각한다.

셋째, 마음챙김Mindfulness이다. 현재의 감정이나 상황을 과대평가

하거나 과소평가하지 않고 있는 그대로 인식하는 것이다. 감정에 휩쓸리지도, 억압하지도 않으면서 지금 이 순간의 경험을 객관적으로 관찰한다.

세대적 상처의 치유:
내가 사슬을 끊는 치유자가 되는 순간

패턴 해독 과정에서 발견하게 되는 또 다른 중요한 통찰은 많은 패턴이 개인적인 것이 아니라 '세대적'이라는 점이다. 할아버지, 할머니로부터 시작된 상처나 생존 패턴이 부모님을 거쳐 나에게까지 전달된 경우가 많다.

3대에 걸친 완벽주의의 여행

은주 씨(32세)의 가족 이야기를 들어보자. 그녀의 할머니는 일제 강점기를 겪으면서 '조금이라도 틈을 보이면 위험하다'는 극도의 경계심을 갖게 되었다. 그래서 모든 일을 완벽하게 해야만 안전하다고 믿었다.

이런 할머니의 완벽주의는 은주 씨의 어머니에게 대물림됐다. 어머니는 할머니에게 '완벽하지 않으면 혼난다'는 걸 체득하면서 자랐고, 성인이 되어서도 모든 일을 완벽하게 하려고 애썼다. 그녀를 키울 때도 무의식적으로 같은 방식을 사용했다. "우리 딸은 완벽해야 해. 그래야 세상에서 인정받고 살아남을 수 있어."

이렇게 해서 할머니의 생존 불안 ⇨ 어머니의 완벽주의 ⇨ 은주 씨의 자기비판으로 이어지는 3대의 사슬이 형성되었다.

사슬을 끊는 용기

하지만 은주 씨는 이 패턴을 인식하고 치유하기로 결심했다. 할머니와 어머니의 고충은 이해하지만, 이 사슬이 자신의 딸에게까지 이어지는 것은 막고 싶었다.

"할머니도 엄마도 그 시대에는 어쩔 수 없었겠지만, 이제는 다른 방식이 가능해. 내가 이 사슬을 끊고, 우리 딸에게는 '완벽하지 않아도 사랑받는다'는 걸 알려주고 싶어."

은주 씨는 다섯 살 딸과 함께 그림을 그릴 때 완전히 다른 메시지를 전달하기 시작했다.

"와, 정말 재미있게 그렸네! 삐뚤삐뚤 선을 넘어간 것도 재밌고, 색깔 조합도 독특해. 완벽하지 않아도 너만의 특별함이 있어."

치유자가 되는 기쁨

몇 개월 후 은주 씨는 놀라운 변화를 경험했다. 딸뿐만 아니라 자신에게도 더 관대해졌고, 심지어 어머니와의 관계도 개선됐다. 어머니의 완벽주의를 비판하는 대신 이해하게 되었고, 어머니도 은주의 변화를 보며 점차 자신을 돌아보기 시작했다.

"내가 세대적 상처의 치유자가 된 것 같아. 과거의 상처를 이해하고 용서하며 미래에는 사랑을 전달하는 다리 역할을 하고 있는 거지."

4장을 마치며:
적대자에서 협력자로의 완전한 전환

축하한다. 당신은 방금 인생에서 가장 중요한 변화 중 하나를 완성했다. 바로 자신의 패턴들을 '적대자'에서 '협력자'로 완전히 전환한 것이다. 3장에서 CSI 수사팀이 되어 패턴의 기원을 추적했다면, 4장에서는 그 패턴들의 선한 의도를 깊이 이해하고 진정한 화해를 이루어냈다.

30년간 당신을 지켜온 충실한 경비견들의 진짜 모습을 알게 되었고, 디스카운트라는 방식으로 작동하는 메커니즘을 이해했으며, 내면의 독설가가 사실은 부모님의 사랑이 서툴게 표현된 것임을 깨달았다. 무엇보다 자기 연민이라는 강력한 치유 도구를 통해 자기 비판에서 자기 수용으로 완전히 전환할 수 있게 되었다.

가장 중요한 것은 당신이 세대적 상처의 사슬을 끊는 치유자가 되었다는 점이다. 조부모님과 부모님으로부터 이어져 온 상처를 연민의 눈으로 바라보면서도 그 사슬이 다음 세대로 이어지지 않게 새로운 사랑의 패턴을 만들어가고 있다.

이제 패턴들은 더 이상 당신을 괴롭히는 적이 아니다. 그들은 오랜 시간 당신을 보호해온 지혜로운 친구들이며, 앞으로 함께 성장해 나갈 소중한 동반자들이다. 이런 협력적 관계 속에서 당신은 패턴들의 장점은 살리면서도 현재 상황에 맞지 않는 부분들은 점진적으로 조정할 수 있게 되었다.

다음 5장에서는 이 모든 이해를 바탕으로 실제로 구 버전 OS들의 자동 실행을 멈추는 구체적인 다양한 방법을 배우게 될 것이다. 패턴과 화해했으니 이제는 그들과 협력하여 새로운 선택을 만들어갈 시간이다. 그 과정에서 당신은 자동 반응에서 의식적 선택으로, 무의식적 희생자에서 의식적 창조자로 거듭나는 놀라운 변화를 경험하게 될 것이다.

CHECK LIST

- ✅ 다섯 가지 구 버전 OS의 선한 의도 깊이 이해하기 완료
- ✅ 디스카운트 3영역과 악순환 메커니즘 파악하기 완료
- ✅ 내면의 독설가 정체와 부모님의 세대적 맥락 이해하기 완료
- ✅ 각 패턴별 협력적 대화 시도 및 관계 전환하기 완료
- ✅ 자기 연민 기르기와 세대적 치유자 역할 시작하기 완료

3단계: 패턴 해체

— 백그라운드 앱 정리하기

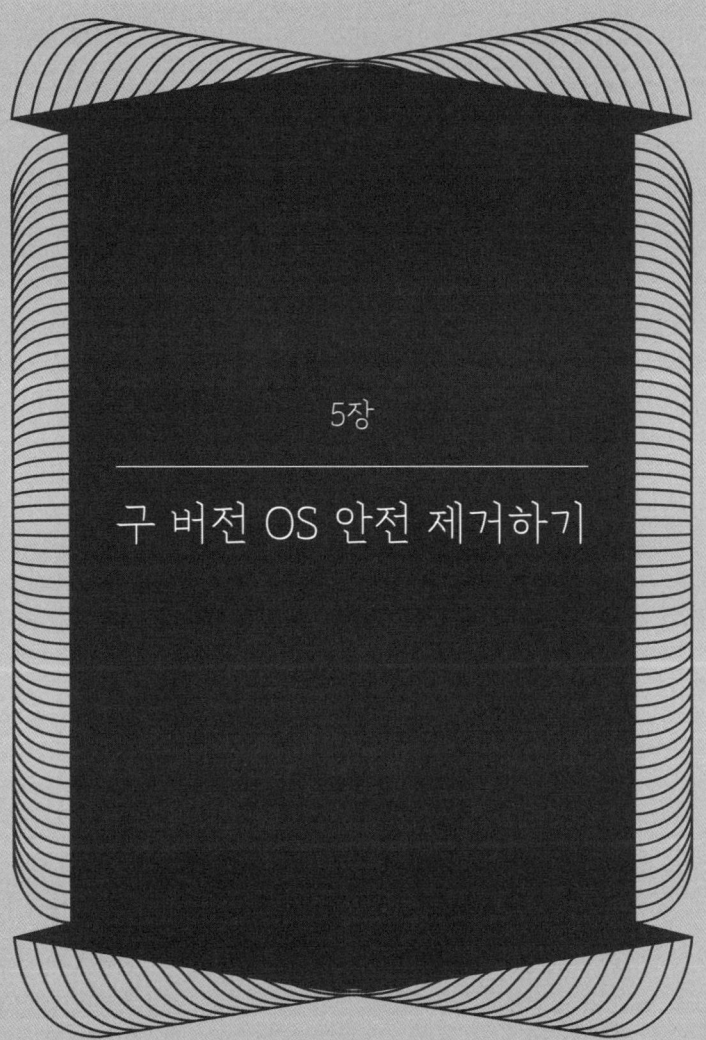

5장

구 버전 OS 안전 제거하기

오작동하는 프로그램 정리하기

지금까지 우리는 놀라운 여정을 함께 해왔다. 1장에서 현재 돌아가고 있는 구 버전 OS들을 확인했고, 2장에서 다섯 가지 주요 OS들의 상세한 작동 방식을 파악했다. 3장에서는 CSI 과학수사팀이 되어 이 패턴들의 기원을 추적했고, 4장에서는 구 버전 OS들의 선한 의도를 이해하며 적대적 관계에서 협력적 관계로 전환하는 놀라운 화해를 경험했다.

이제 실제로 이 구 버전 OS들의 자동 실행을 멈추고, 오작동하는 백그라운드 프로그램들을 정리할 시간이다. 마치 컴퓨터의 작업 관리자에서 불필요한 프로세스들을 종료하듯이, 우리는 이제 멘탈 작업 관리자를 열어 현재 실행 중인 감정 프로세스들을 모니터링하고 관리하는 방법을 배우게 될 것이다.

6초 재부팅:
감정뇌에서 이성뇌로 시스템 전환

앞서 발견한 황금시간을 실제로 활용하려면 구체적인 재부팅 기법이 필요하다. 김 대리처럼 "아, 지금 생존 안전 OS가 켜지려고 하는구나"라고 인식하는 것만으로는 충분하지 않다. 오랜 시간에 걸쳐 굳어진 신경 회로가 하루아침에 바뀔 수는 없기 때문이다. 하지만 이제는 다르다. 패턴의 기원을 이해하고 선한 의도를 인정한 상태에서는 '아, 지금 완벽주의 OS가 자동 실행되려고 하는구나'라고 알아차릴 수 있다. 이 알아차림 자체가 이미 변화의 시작이다. 왜냐하면 의식이 개입할 여지가 생겼기 때문이다.

재부팅의 3단계 시스템

황금시간을 놓치지 않기 위한 실전 기법은 컴퓨터의 재부팅 과정과 놀랍도록 유사하다.

1단계: 강제 종료 Force Quit

구 버전 OS가 자동 실행되려는 순간, 모든 반응을 완전히 멈춘다. 말하려던 것, 행동하려던 것, 심지어 생각하려던 것까지도 일시 정지시킨다. 마치 컴퓨터의 컨트롤+알트+딜리트 Ctrl+Alt+Delete 키를 누르는 것처럼 모든 프로세스를 중단한다.

2단계: 안전 모드 진입 Safe Mode

깊은 호흡을 통해 뇌에 산소를 공급하며 몸의 긴장을 풀어준다. 이때 중요한 것은 감정을 억누르려 하지 않는다는 점이다. '화가 나는구나, 불안하구나'라고 감정을 인정하되, 그 감정에 따른 자동 반응만 중단하는 것이다.

3단계: 새 시스템 부팅 Restart

"지금 이 상황을 어떻게 해석할 것인가?"라는 질문과 함께 의식적 선택의 영역으로 들어선다. 1988년의 해석이 아닌 2024년의 관점에서 상황을 재평가한다.

뇌의 물리적 전환

식스 세컨즈 Six Seconds 연구팀의 감정 과학 자료에 따르면, 이 과정에서 실제로 뇌의 주도권이 바뀐다. 편도체 중심의 '생존 모드'에서 전전두엽 중심의 '성장 모드'로 물리적 전환이 일어나는 것이다.

생존 모드에서는 오직 위험 감지와 즉각 반응에만 집중한다. 복잡한 사고나 창의적 해결책은 불가능하다. 반면 성장 모드에서는 다양한 선택지를 고려하고, 장기적 관점에서 판단하며, 새로운 가능성을 탐색할 수 있다.

실전 적용: 박 차장의 변화

박 차장은 상사의 갑작스러운 업무 지시에 '피해의식 OS'가 자동 실행되어 "또 나만 괴롭히네"라며 내적으로 반발하는 패턴을 가지고 있었다. 하지만 재부팅 기법을 적용한 후에는 다음과 같이 변화하였다.

기존: 업무 지시 ⇨ 즉시 감정 반응 ⇨ "왜 맨날 나한테만…" ⇨ 소극적 수행 ⇨ 관계 악화

재부팅 후: 업무 지시 ⇨ 강제 종료 ("잠깐") ⇨ 안전 모드 (심호흡) ⇨ 새 해석 ("이 업무가 내 성장에 어떤 도움이 될까?") ⇨ 적극적 참여

90초 완전 리셋의 활용

질 볼트 테일러 박사의 90초 원리도 함께 활용하면 더욱 강력하다. 6초로 1차 안전장치를 가동한 후, 90초 동안 감정을 재자극하지 않고 관찰하면 스트레스 호르몬이 완전히 분해된다.

이때 핵심은 과거 해석을 반복하지 않는 것이다. '왜 또 이런 일이…'와 같은 생각을 계속하면 새로운 스트레스 호르몬이 분비되어 90초가 무의미해진다. 대신 현재 순간의 호흡, 몸의 감각, 주변 환경에 집중한다.

시스템 전환의 체감 변화

재부팅이 성공하면 다음과 같은 변화를 체감한다.

시야의 확장: 터널 비전에서 파노라마 뷰로

시간의 여유: 급박함에서 여유로움으로

선택의 인식: '이것밖에 없다'에서 '다른 방법도 있겠네'로 호기심의 등장, '왜 저럴까?'라는 궁금증

이러한 변화는 뇌의 주도권이 실제로 바뀌었기 때문에 나타나는 현상이다. 단순한 마음가짐의 문제가 아니라 신경 과학적 근거가 있는 변화인 것이다.

기술로서의 재부팅

중요한 것은 이 6초 재부팅이 습득 가능한 기술이라는 점이다. 처음에는 의식적 노력이 필요하지만, 반복 연습을 통해 점차 자연스러워진다. 마치 자전거 타기를 익히는 것처럼, 한 번 체득하면 몸이 기

억하게 되는 기술이다.

　실제로 뇌과학 연구에서는 새로운 신경 경로가 형성되는 데 평균 66일이 걸린다고 보고한다. 즉, 2개월 정도 꾸준히 연습하면 재부팅이 새로운 자동 반응으로 자리 잡을 수 있다는 뜻이다.

3-3-3 긴급 진정법,
멘탈 응급처치

하지만 때로는 감정의 강도가 너무 강해서 6초 재부팅조차 어려운 순간들이 있다. 상사가 목청을 돋워 큰소리를 내거나, 배우자와 심한 다툼이 벌어지거나, 아이가 말을 듣지 않아 폭발 직전에 이르렀을 때 말이다. 이런 감정적 응급상황을 위해 '3-3-3 긴급 진정법'이라는 멘탈 응급처치 도구를 소개하겠다. 이는 마치 심장마비 환자에게 심폐소생술을 하듯, 감정적 위기 상황에서 즉시 적용할 수 있는 응급처치법이다.

3-3-3 긴급 진정법의 구체적 방법

첫 번째 '3'은 세 가지 보이는 것을 의식적으로 관찰하는 것이다. 지금 내 눈에 보이는 구체적인 사물 세 가지를 찾아서 마음속으로 이름을 붙여보는 것이다. '빨간색 펜, 하얀색 컵, 갈색 책상' 이런 식으로 말이다. 이는 뇌의 주의를 감정에서 현실의 구체적 사물로 전환하는 효과가 있다. 감정에 휩쓸린 뇌를 현재 순간으로 끌어오는 닻 역할을 하는 것이다.

두 번째 '3'은 세 가지 들리는 소리를 의식적으로 들어보는 것이다. 에어컨 소리, 자동차 지나가는 소리, 시계 똑딱거리는 소리 등 지금 이 순간 귀에 들리는 소리를 하나씩 구분해서 듣는 것이다. 청각에 집중하면 뇌의 과각성 상태가 진정되면서 감정의 강도가 자연스럽게 약해진다.

세 번째 '3'은 3번의 깊은 호흡이다. 여기 서는 과학적으로 검증된 4-7-8 호흡법을 활용한다. 4초 동안 코로 들이마시고, 7초 동안 숨을 멈춘 후, 8초 동안 입으로 천천히 내쉬는 것을 3번 반복하는 것이다.

첫 번째 호흡: "지금 나에게 무슨 일이 일어 나고 있지?" - 구 버전 OS의 자동실행 감지

두 번째 호흡: "이건 내 어떤 패턴이구나" - 과거 트라우마와 현재 상황 구분

세 번째 호흡: "다른 선택도 있을 거야" - 의식적 선택을 위한 마음 준비

이때 중요한 것은 날숨을 들숨보다 조금 길게 하는 것이다. 이는 부교감신경계를 활성화해 자연스럽게 몸과 마음을 진정시키는 효과가 있다. 한 번의 4-7-8 호흡이 19초이므로, 3번 하면 총 57초가 된다. 이후 질 볼트 테일러 박사가 말한 90초 원리를 활용하여, 나머지 30여 초 동안은 "왜 또 이런 일이…"와 같은 과거 해석을 반복하지 않고 현재 순간에 머물면 감정 화학물질이 자연스럽게 분해될 수 있다.

이 3-3-3 긴급 진정법은 과학적으로도 검증된 방법이다. 감각에 의식적으로 집중하면 뇌의 과각성 상태가 진정되고, 4-7-8 호흡은 부교감신경계를 활성화해 자연스럽게 몸과 마음을 진정시키는 효과가 있다는 연구 결과들이 있다.

예를 들어, 직장에서 상사에게 심한 질책을 받아 화가 머리끝까지 올라온 상황이라고 가정해 보자. 이때 즉시 반박하거나 변명하려는 충동이 올라올 텐데, 바로 이 순간이 3-3-3 긴급 진정법을 적용하는 순간이다. 먼저 상사의 뒤에 있는 화이트보드, 책상 위의 컴퓨터, 창밖의 나무 이렇게 세 가지를 보고, 에어컨 소리, 복도에서 들리는 발소리, 키보드 타자 소리 등 세 가지를 듣고, 세 번의 깊은 호흡을 한다. 그러면 폭발 직전이었던 감정이 놀랍도록 진정되면서 '어떻게 대응하는 것이 가장 현명할까?'라는 이성적 판단이 가능해진다.

가정에서도 마찬가지다. 아이가 말을 듣지 않아 목소리가 높아지려는 순간, 3-3-3 긴급 진정법을 적용하면 '지금 내가 화내는 것이 정말 아이에게 도움이 될까? 다른 방법은 없을까?'라는 여유가 생긴다. 이는 단순히 감정을 참아내는 것이 아니라, 더 나은 선택을 할 수 있게 여유 공간을 만드는 것이다.

LP판 홈에 빠진 바늘,
반복 패턴의 무한 루프

구 버전 OS들이 가진 가장 무서운 특징 중 하나는 '무한 루프'에 빠지는 것이다. 마치 LP판의 홈에 바늘이 빠져서 같은 부분을 계속 반복 재생하듯, 우리는 같은 패턴을 끝없이 반복하게 된다. 완벽주의 OS가 작동하면 '더 완벽하게 해야 해 ⇨ 스트레스 증가 ⇨ 실수 발생 ⇨ 자책 ⇨ 더 완벽하게 해야 해'라는 악순환이 계속되고, 피해의식 OS가 작동하면 '또 무시당했어 ⇨ 방어적 반응 ⇨ 관계 악화 ⇨ 실제로 무시받음 ⇨ 또 무시당했어'라는 루프에 갇히게 된다.

이런 무한 루프가 형성되는 이유는 우리 뇌의 '확증편향' 때문이다. 1장에서 배운 구글보다 정확하지만 극도로 편파적인 개인 비서를 기억하는가? 이 편파적인 개인 비서는 우리가 이미 믿고 있는 것을 뒷받침하는 증거만 열심히 수집한다. 그래서 '나는 능력이 없다'

라고 믿는 사람에게는 능력 부족의 증거만 보여주고, '사람들은 믿을 수 없다'라고 믿는 사람에게는 배신의 증거만 가져다준다. 이렇게 자기 확신을 강화하는 증거들만 계속 수집하다 보니 패턴이 더욱 공고해지는 것이다.

더욱 문제가 되는 것은 이런 무한 루프가 '자기충족적 예언'을 만들어낸다는 점이다. 예를 들어, '나는 사람들에게 인기가 없어'라고 믿는 사람은 무의식적으로 다른 사람들과 거리두는 행동을 하게 된다. 눈맞춤을 피하고, 대화에 적극적으로 참여하지 않으며, 먼저 다가가지도 않는다. 그러면 실제로 다른 사람들이 그를 차가운 사람으로 인식하게 되고, 결국 '역시 나는 인기가 없어'라는 믿음이 현실이 되어버린다. 이렇게 자신의 믿음이 현실을 만들어내는 악순환이 계속되는 것이다.

LP판 홈에서 바늘을 빼내는 방법은 의외로 간단하다. 바로 '패턴 인터럽트Pattern Interrupt'라는 기법이다. LP판에서 바늘이 같은 곳을 계속 맴돌 때는 살짝 건드려주기만 해도 다음 곡으로 넘어가듯이, 우리의 사고 패턴도 작은 개입만으로 무한 루프에서 벗어날 수 있다. 가장 효과적인 패턴 인터럽트 방법은 '의식적인 질문'이다.

내가 무한 루프에 빠진 것을 알아차리는 순간, 다음과 같은 질문들을 스스로에게 던져보는 것이다.

'지금 내가 같은 생각을 반복하고 있는 것 같은데, 이 생각이 나에게 도움이 되고 있나?', '만약 가장 현명한 사람이 이런 상황에 있다면 어떻게 생각할까?', '5년 후의 내가 지금의 나에게 조언한다면 뭐라고 할까?', '이 문제를 완전히 다른 관점에서 바라보면 어떨까?'

이런 질문들은 뇌가 새로운 신경 경로를 탐색하도록 만들어 무한 루프에서 벗어나게 한다.

실제 사례를 들어보겠다. 인정 씨는 프레젠테이션을 앞두고 '완벽하게 준비하지 못하면 어떡하지?'라는 생각에 빠져 계속 자료를 수정하고 또 수정하는 무한 루프에 빠져 있었다. 밤새 작업해도 '아직 부족해'라는 생각만 들었다. 이때 인정 씨는 자신이 LP 판 홈에 빠진 바늘 상태임을 알아차리고 패턴 인터럽트를 시도했다. '지금 내가 같은 걱정을 몇 시간째 반복하고 있는 거지? 이게 실제 프레젠테이션 수준을 높이는 데 도움이 되고 있나?'라고 질문한 것이다. 그 순간 인정 씨는 자신이 완벽함을 추구하는 것이 아니라, 불안감을 피하려고 하고 있다는 것을 깨달았다. 그리고 '완성도가 80%라도 충분히 가치 있는 내용을 전달할 수 있다'는 새로운 관점으로 전환할 수 있었다.

정서적 안전지대의 아이러니와
자기충족적 예언의 악순환

무한 루프의 더 깊은 원리를 이해하려면 '정서적 안전지대의 아이러니'라는 개념을 알아야 한다. 우리 뇌는 아무리 고통스러운 감정이라도 오랫동안 경험해온 것은 예측 가능하고 익숙하기에 '안전하다'고 착각한다. 하지만 여기 아이러니가 있다. 익숙해서 안전하다고 느끼는 그 감정이 실제로는 우리 삶을 파괴하고 있을 수 있다는 점이다.

예를 들어, 어린 시절부터 '걱정하는 것이 사랑의 표현'이라는 메시지를 받고 자란 사람은 걱정과 불안이라는 감정적 안전지대에 머물게 된다. 걱정하지 않으면 마치 사랑하지 않는 것 같은 죄책감이 들고, 불안하지 않으면 오히려 이상한 것 같은 느낌이 든다. 그래서 무의식적으로 걱정거리를 찾아다니고, 불안을 유발하는 상황을 만들어내기도 한다. 뇌가 '익숙한 것 = 안전한 것'이라고 착각한 것이다.

피해의식이라는 안전지대에 머물고 있는 사람은 무의식적으로 자신이 피해자가 되는 상황을 만들어낸다. 상대방의 말에서 비판의 뉘앙스를 찾아내고, 무시당하는 증거들을 수집하며, 실제로 갈등 상황을 유발하는 행동을 하기도 한다. 겉으로는 피해당하기 싫어하는 것 같지만, 무의식적으로는 그 익숙한 감정 상태가 안전하다고 느끼는 것이다.

완벽주의라는 안전지대에 머물고 있는 사람 역시 마찬가지다. 완벽함에 대한 압박과 스트레스가 고통스럽다고 하면서도 막상 여유로운 상황이 되면 불안해한다. '이렇게 여유로워도 되나? 뭔가 놓치고 있는 건 아닐까?'라는 생각이 들면서 다시 스스로를 바쁘고 압박받는 상황으로 몰고 간다. 이는 완벽주의라는 익숙한 감정 상태를 뇌가 안전하다고 착각하기 때문이다.

이런 정서적 안전지대의 아이러니가 자기충족적 예언과 결합하면 더욱 강력한 무한 루프가 형성된다. '나는 사랑받을 자격이 없다'라는 믿음이 있는 사람은 무의식적으로 사랑받지 못하는 상황을 만들어낸다. 다른 사람의 관심과 애정을 받으면 오히려 불편해하고, '이 사람도 나의 진짜 모습을 알면 떠날 거야'라는 생각으로 먼저 거리를 둔다. 그러면 실제로 관계가 멀어지게 되고, '역시 나는 사랑받을 자격이 없어'라는 믿음이 확인된다. 이렇게 자신의 믿음을 스스로 증명하는 악순환이 계속되는 것이다.

정서적 안전지대의 아이러니에서 벗어나는 단계의 첫 번째는 '아이러니 인식'이다. '내가 지금 익숙해서 안전하다고 느끼는 이 감정이 실제로 나에게 도움이 되고 있나?'라고 스스로에게 질문하는 것이다.

두 번째는 '감정 다이어트'다. 마치 당분에 익숙한 사람이 단계적으로 당분 섭취를 줄이듯이 익숙한 부정적 감정을 점진적으로 줄여가는 것이다. 걱정이라는 안전지대에 머무는 사람은 하루에 걱정하는 시간을 정해두고 그 시간 외에는 의식적으로 걱정 차단하기를 연습할 수 있다.

세 번째는 '대체 안전지대 찾기'이다. 부정적인 정서적 안전지대를 단순히 제거하는 것이 아니라, 더 건강하고 생산적인 정서적 안전지대로 대체하는 것이다.

변화 저항 = 보안 경고,
새 시스템 설치 시 뜨는 경고창

구 버전 OS의 자동 실행을 멈추려고 할 때 벌어지는 가장 놀라운 현상 중 하나는 '변화 저항'이다. 분명히 좋은 방향으로 변화하려고 하는데도 내면에서 강한 저항이 일어나는 것이다. 마치 컴퓨터에 새로운 프로그램을 설치할 때 나타나는 보안 경고창과 같다. '알 수 없는 프로그램을 설치하려고 합니다. 정말 계속하시겠습니까?'라는 메시지가 뜨면서 설치를 막으려고 하는 것처럼, 우리의 무의식도 새로운 변화를 위험한 것으로 인식하고 막으려고 한다.

이런 변화 저항이 일어나는 이유는 우리 뇌의 원시적인 부분인 편도체가 '낯선 것 = 위험한 것'으로 인식하기 때문이다. 아무리 긍정적인 변화라고 해도 기존 패턴과 다르면 뇌는 생존의 위협으로 받아들인다. 그래서 변화를 시도할 때마다 '이렇게 하면 안 될 것 같아', '예전 방식이 더 나았던 것 같아', '너무 무리하는 건 아닐까?'와 같은 의심과 불안이 올라온다.

변화 저항은 여러 가지 형태로 나타난다. 첫 번째 형태는 가장 직접적인 것으로 '내적 비판자의 목소리'다. 새로운 시도를 할 때마다 "너는 안 될 거야", "또 실패할 거야", "무리하지 마"와 같은 부정적인 목소리가 들려온다. 이는 마치 컴퓨터 바이러스 검사 프로그램이 새로운 파일을 의심스러워하며 경고하는 것과 같다.

두 번째 형태는 '신체적 저항'이다. 새로운 행동을 하려고 할 때 갑자기 피곤해지거나, 몸이 무거워지거나, 머리가 아프거나, 배가 아픈 증상이 나타날 수 있다. 이는 심리적 저항이 신체 증상으로 나타나는 것으로, 뇌가 변화를 막으려고 보내는 신호다.

세 번째 형태는 '회피와 미루기'다. 분명히 하려고 결심한 일인데도 자꾸 다른 일을 먼저 하게 되거나 '내일부터 시작하지 뭐', '다음 주부터 하자'라며 계속 미루게 된다. 이 역시 변화에 대한 무의식적 저항의 표현이다.

네 번째 형태는 '극한 상황 테스트'다. 변화를 시도한 지 얼마 되지 않아 갑자기 극도로 스트레스를 받는 상황이 연이어 발생하기도 한다. 마치 새로운 OS가 정말 안정적인지 극한 상황에서 테스트하는 것처럼 무의식은 새로운 패턴이 정말 믿을 만한지 확인하려고 한다.

변화 저항에 대처하는 가장 효과적인 방법은 저항을 적으로 보지 않는 것이다. 저항은 우리를 보호하려는 선한 의도에서 나오는 것이기에 이를 억누르거나 무시하려고 들면 오히려 더 강해진다. 대신 '아, 내 무의식이 나를 보호하려고 드는구나. 고마워! 하지만 이번 변화는 정말 나에게 도움이 될 것 같아. 함께 천천히 해보자'라고 대화하듯 접근하는 것이 효과적이다. 저항에 대처하는 구체적인 방법들을 살펴보자.

첫째, '점진적 변화'다. 한 번에 큰 변화를 시도하지 말고, 아주 작은 단위부터 시작하는 것이다. 예를 들어 완벽주의를 바꾸려고 한다면, 처음에는 하루에 한 가지씩만 80% 완성도 수준에서 일을 마무리하도록 연습해 본다.

둘째, '안전장치 마련'이다. 새로운 변화를 시도하되 언제든 예전 방식으로 돌아갈 수 있다는 안전장치를 마련하는 것이다. 이는 무의식에게 안전감을 제공한다.

셋째, '작은 성공 경험의 축적'이다. 새로운 방식으로 작은 성공을 경험할 때마다 그것을 기록하고 축하하는 것이다. 이는 뇌에게 '새로운 방식도 안전하고 효과적이다'라는 증거를 제공한다.

변화 저항이 가장 강하게 나타나는 시점은 변화를 시도한 지 2~3주째 될 때다. 이 시기를 '변화의 고비'라고 부르는데, 이때를 잘 넘기면 새로운 패턴이 안정화되기 시작한다. 이 시기에는 특히 자기 연민과 인내심이 필요하다. '지금 힘든 건 당연해. 뇌가 새로운 것에 적응하고 있는 거니까'라고 스스로를 격려하며 작은 진전이라도 인정하고 축하해야 한다.

작업 관리자,
현재 실행 중인 감정 프로세스 모니터링

컴퓨터가 느려지거나 오작동할 때 우리가 가장 먼저 하는 일은 '작업 관리자'를 열어 현재 실행 중인 프로그램들을 확인하는 것이다. 어떤 프로그램이 메모리를 과도하게 사용하고 있는지, 어떤 프로세스가 시스템을 느리게 만드는지 등을 파악하여 불필요한 것들을 종료한다. 우리의 멘탈 시스템에도 이와 같은 작업 관리자 기능이 필요하다. 현재 내 마음에서 실행 중인 감정 프로세스들을 실시간으로 모니터링하고, 과도하게 자원을 소모하는 프로세스들을 정리하는 것이다.

멘탈 작업 관리자의 핵심은 '메타인지Metacognition'다. 이는 '생각에 대한 생각', 즉 자신의 사고 과정을 객관적으로 관찰하는 능력이다. 마치 CCTV로 자신을 관찰하듯 현재 내 마음에서 어떤 생각들이 떠오르고 있는지, 어떤 감정들이 활성화되어 있는지를 실시간으로 파악하는 것이다.

멘탈 작업 관리자를 여는 방법은 의외로 간단하다. 하루에 몇 번씩 스스로에게 이렇게 물어보는 것이다. '지금 내 마음에서 어떤 프로그램들이 돌아가고 있지?' 하고 말이다. 이렇게 질문하는 순간, 마치 컴퓨터 화면에 작업 관리자 창이 뜨듯이 현재 활성화된 감정과 생각들이 의식 위로 올라오게 된다.

예를 들어, 오후 3시경에 멘탈 작업 관리자를 열어보면 다음과 같은 프로세스들이 실행 중일 수 있다. '걱정 프로세스 85% - 내일 발표 때문에 계속 불안함', '비교 프로세스 60% - 동료의 SNS를 보고 부럽다는 생각이 계속 됨', '완벽주의 프로세스 40% - 오늘 작업한 보고서가 부족한 것 같다는 생각이 배경에서 계속 돌아감', '피로 프로세스 70% - 몸이 무겁고 에너지가 부족함.' 이렇게 현재 상태를 객관적으로 파악하는 것만으로도 이미 큰 변화가 시작된다.

왜냐하면 대부분의 사람들은 이런 감정 프로세스들이 백그라운드에서 돌아가고 있다는 것조차 인식하지 못하기 때문이다. 그저 막연히 '오늘 왠지 기분이 좋지 않네' 정도로만 인식할 뿐, 구체적으로 어떤 프로세스가 시스템을 무겁게 만드는지는 모른다. 하지만 멘탈 작업 관리자를 통해 구체적으로 파악하면, 어떤 프로세스를 종료해야 할지 명확해진다. 멘탈 작업 관리자에서 확인해야 할 주요 항목들은 다음과 같다.

첫째, 현재 실행 중인 감정 프로세스들이다. 분노, 불안, 슬픔, 걱정, 짜증, 우울 등 어떤 감정이 활성화되어 있는지 확인한다.

둘째, 각 프로세스의 자원 사용률이다. 어떤 감정이 정신적 에너지를 가장 많이 소모하고 있는지 파악한다.

셋째, 프로세스의 필요성이다. 현재 실행 중인 감정 프로세스가 정말 지금 필요한 것인지, 아니면 습관적으로 실행되고 있는 것인지 판단한다.

넷째, 프로세스 간의 충돌이다. 상반된 감정이나 생각이 동시에 실행되면서 시스템에 과부하를 일으키고 있지는 않은지 확인한다.

지금부터는 실제 사례로 알아보자. 민수 씨는 팀장으로 승진한 후 계속 스트레스에 시달리고 있었다. 멘탈 작업 관리자를 열어보니 다음과 같은 프로세스가 동시에 실행되고 있었다. '완벽주의 프로세스 90% - 모든 일을 완벽하게 해야 한다는 압박감', '통제 프로세스 80% - 팀원들의 모든 일을 직접 관리하려는 욕구', '비교 프로세스 70% - 다른 팀장들과 자신을 계속 비교', '피해의식 프로세스 60% - 상급자들이 자신을 의심한다는 불안감.' 이렇게 고강도 프로세스가 동시에 네 가지나 실행되니 시스템이 과부하 된 것이다.

민수 씨는 이 중에서 가장 불필요한 프로세스부터 차례로 종료하기 시작했다. 먼저 비교 프로세스를 종료했다. 다른 팀장들과 자신을 비교하는 것이 실제로는 성과 향상에 전혀 도움이 되지 않는다는 것을 깨달았기 때문이다. 대신 성장 프로세스를 새로 실행했다. '어제의 나보다 조금이라도 나아지자'는 관점으로 전환한 것이다. 다음으로는 통제 프로세스의 강도를 90%에서 40%로 줄였다. 모든 것을 직접 하는 대신 팀원들에게 적절히 위임하는 연습을 시작하였다.

멘탈 작업 관리자의 또 다른 중요한 기능은 '자동 시작 프로그램 관리'다. 컴퓨터에서 부팅할 때마다 자동 실행되는 프로그램들이 있듯이, 우리 마음에도 특정 상황이나 시간이 되면 자동으로 실행되는 감정 프로세스들이 있다. 예를 들어, 아침에 눈을 뜨자마자 자동으로 걱정 프로세스가 실행되거나, 직장에 도착하자마자 스트레스 프로세스가 켜지는 식이다.

이런 자동 시작 프로그램들을 관리하기 위해서는 '트리거 매핑'이 필요하다. 어떤 상황, 시간, 장소, 사람에서 특정 감정 프로세스가 자동 실행되는지 패턴을 파악하는 것이다. 정말 필요한 것들은 그대로 두되, 불필요하거나 해로운 것들은 자동 시작 목록에서 제거해 나간다.

예를 들어, 매일 아침 출근길에 자동으로 완벽주의 프로세스가 실행돼 온종일 스트레스를 받는다면, 출근길에 다른 프로세스를 의식적으로 실행하는 연습을 할 수 있다. 감사 프로세스나 호기심 프로세스 같은 긍정적인 프로세스로 대체하는 것이다.

멘탈 작업 관리자를 효과적으로 사용하려면 정기적인 '시스템 점검'이 필요하다. 아침, 점심, 저녁으로 하루 3번 정도 5분씩 시간을 내어 현재 실행 중인 감정 프로세스들을 점검하고, 필요에 따라 종료하거나 새로 실행하는 것이다. 이를 통해 감정적 과부하를 예방하고, 최적의 멘탈 상태를 유지할 수 있게 된다.

오작동 프로그램
강제 종료와 시스템 최적화하기

때로는 특정 감정 프로세스가 완전히 오작동하여 시스템 전체를 마비시키는 일도 있다. 마치 컴퓨터에서 한 프로그램이 무한 루프에 빠져 전체 시스템이 먹통이 되는 것처럼, 강한 분노나 극도의 불안, 깊은 우울감 등이 다른 모든 인지 기능을 마비시킬 수 있다. 이런 상황은 일반적인 6초 재부팅이나 3-3-3 긴급 진정법으로도 해결되지 않는다. 더 강력한 '강제 종료' 기법이 필요하다.

신체적 강제 종료 기법들

첫 번째는 '물리적 환경 변화'다. 감정이 극도로 격해졌을 때는 현재 있는 공간에서 즉시 벗어나 본다. 화장실에 가거나 밖으로 나가서 신선한 공기를 마시거나 전혀 다른 장소로 이동하는 것이다. 이는 뇌에게 '지금 상황이 바뀌었다'는 신호를 주어 오작동하는 감정 프로세스를 리셋 하는 효과가 있다.

두 번째는 '격렬한 신체 활동'이다. 팔굽혀펴기 20회(벽에다 손을 짚고 서서 해도 된다)를 하거나 제자리에서 1분간 뛰거나 계단을 빠르게 오르내리는 것이다. 이는 뇌에 축적된 스트레스 호르몬을 신체 활동을 통해 방출시키는 방법이다. 특히 분노나 짜증이 극에 달했을 때 매우 효과적이다.

세 번째는 '냉수 자극'이다. 찬물로 세수하거나 찬물을 마시거나 손목에 찬물을 오래 대는 방법이 있다. 갑작스러운 온도 변화는 뇌의 미주신경(인체에서 가장 긴 뇌신경으로, 부교감신경과 감각·운동 기능을 담당) 자극해 과각성 상태를 빠르게 진정시킨다.

인지적 강제 종료 기법들

네 번째는 '숫자 세기'다. 100부터 거꾸로 7씩 빼면서 세는 것이다. 100, 93, 86, 79, 72…. 이런 식으로 계산에 집중하면 감정 프로세스가 강제로 중단되고 논리적 사고가 활성화된다.

다섯 번째는 '완전히 다른 감각 자극하기'이다. 강한 향수나 향초 냄새를 맡거나, 신 음식을 먹거나, 큰 소리로 음악을 듣는 것이다. 뇌의 주의를 감정에서 감각으로 강제로 전환하는 방법이다.

여섯 번째는 '극단적 관점 전환'이다. '만약 지금 외계인이 이 상황을 본다면 어떻게 생각할까?', '100년 후에 이 상황이 중요할까?', '내가 지금 죽어가는 상황이라면 이 문제가 정말 중요할까?'와 같은 극단적인 질문을 통해 현재 상황을 완전히 다른 관점에서 바라보게 만든다.

시스템 전체 최적화 방법들

강제 종료 후에는 시스템 전체를 최적화하여 비슷한 오작동이 재발하지 않게 예방하는 것이 중요하다.

첫째, '백그라운드 프로그램 정리'다. 평소에 불필요하게 실행되고 있는 걱정, 불안, 스트레스 프로세스들을 정기적으로 정리하는 것이다. 이를 위해서는 매일 저녁 마음을 정리하는 시간을 갖는 것이 좋다. 오늘 하루 어떤 감정들이 활성화되었는지 점검하고, 내일까지 가져갈 필요가 없는 감정들은 의식적으로 종료한다.

둘째, '시스템 리소스 관리'다. 우리의 정신적 에너지는 한정되어 있기에 중요한 일에 에너지를 집중할 수 있도록 불필요한 곳에 에너지를 낭비하지 않아야 한다. 예를 들어, SNS에서 다른 사람들과 비교하며 에너지를 소모하거나 과거의 실수를 자꾸 떠올리며 자책하는 것은 소중한 리소스를 낭비하는 것이다.

셋째, '정기적인 시스템 업데이트'다. 새로운 상황에 맞게 반응 패턴을 업데이트하고, 더 이상 필요하지 않은 오래된 패턴들은 제거한다. 예를 들어, 학생 시절에 필요했던 '시험 불안 프로세스'는 직장인이 된 후에는 '프레젠테이션 자신감 프로세스'로 업그레이드할 수 있다.

넷째, '백업 시스템 구축'이다. 주요 감정 프로세스가 오작동할 때를 대비해 대체 방안을 미리 준비해두는 것이다. 예를 들어, 완벽주의 프로세스가 과도하게 작동할 때는 '충분함 프로세스'로 전환하고, 피해의식 프로세스가 활성화될 때는 '호기심 프로세스'로 대체하는 식이다.

다섯째, '시스템 모니터링 알람 설정'이다. 특정 감정이 위험 수준에 도달하기 전에 미리 경고하는 내적 알람을 설정하는 것이다. 예를 들어, 스트레스 지수가 70%에 도달하면 자동으로 휴식을 취하거나, 분노 수준이 80%에 도달하면 즉시 그 상황에서 벗어나는 것을 규칙으로 삼아본다.

이런 시스템 최적화를 통해 우리는 감정적 응급상황을 예방하고, 설령 문제가 발생하더라도 빠르게 복구할 수 있는 안정적인 멘탈 시스템을 구축할 수 있다. 마치 관리가 잘된 컴퓨터가 빠르고 안정적으로 작동하듯이 잘 관리된 마음도 어떤 상황에서든 최적의 성능을 발휘할 수 있게 된다.

5장을 마치며:
첫 번째 자유의 맛

축하한다. 당신은 방금 멘탈 시스템의 3단계인 '패턴 해체'를 완료했다. 6초 재부팅을 통해 감정뇌에서 이성뇌로의 시스템 전환을 배웠고, 3-3-3 긴급 진정법으로 감정적 응급상황에 대처하는 방법을 익혔다. LP 판 홈에 빠진 바늘처럼 반복되는 무한 루프에서 벗어나는 패턴 인터럽트를 터득했고, 정서적 중독과 자기충족적 예언의 악순환 차단법을 이해했다. 변화 저항을 적이 아닌 보안 경고로 받아들이며 새로운 시스템을 안전하게 설치하는 법을 배웠고, 멘탈 작업 관리자를 통해 현재 실행 중인 감정 프로세스들을 실시간으로 모니터링하고 관리하는 능력을 갖추었다.

가장 중요한 것은 이제 당신이 '첫 번째 자유의 맛을 경험하게 될 것이라는 점'이다. 과거에는 감정이 올라오면 자동 반응할 수밖에 없었지만, 이제는 '잠깐, 지금 어떤 프로그램이 자동 실행되려고 하지? 이게 정말 지금 상황에 맞는 반응일까?'라고 물을 수 있는 여유가 생겼다. 이것은 단순한 기술 습득이 아니라, 무의식적 희생자에서 의식적 선택자로 거듭나는 놀라운 변화다.

처음에는 6초 재부팅이나 3-3-3 긴급 진정법을 적용하는 것이 어색하고 어려울 수 있다. 감정이 강하게 올라오는 순간에는 이런 기법들을 떠올리기조차 힘들 것이다. 하지만 괜찮다. 멘탈디자인은 완벽을 추구하는 것이 아니라 점진적 개선을 목표로 하기 때문이다. 처음에는 10번 중 1번만 성공해도 좋다. 그 1번의 성공이 쌓여서 2번, 3번이 되고, 결국에는 자동 적용할 수 있게 될 것이다.

변화 저항이 일어나는 것도 정상이다. 내면에서 '이런 식으로 하면 안 될 것 같은데', '예전 방식이 더 편했는데'라는 목소리가 들려올 수도 있다. 하지만 이제 당신은 안다. 이것이 새로운 시스템 설치를 막으려는 보안 경고일 뿐이라는 것을 말이다. 이런 저항이 나타날 때마다 '아, 내 무의식이 나를 보호하려고 하는구나. 고마워. 하지만 이번 변화는 정말 나에게 도움이 될 거야'라고 대답하면 된다.

그리고 이 모든 과정이 '실험'이라는 관점을 갖는 것이 중요하다. 실패해도 괜찮고, 완벽하지 않아도 좋다. 그저 '이번에는 어떤 일이 일어날까?'라는 호기심으로 새로운 기법들을 시도해 보는 것이다.

마치 과학자가 실험하듯 결과에 대한 부담 없이 순수한 호기심으로 접근하면 변화는 훨씬 쉽고 재미있어진다.

이제 다음 단계가 기다리고 있다. 3단계에서 구 버전 OS의 자동 실행을 멈췄다면, 6장에서는 다른 사람들과의 관계에서 일어나는 앱 호환성 문제들을 해결할 것이다. 우리의 변화는 혼자만의 문제가 아니라, 관계 속에서 일어나기 때문이다. 앞으로 우리는 가족, 친구, 동료들과의 관계에서 어떻게 새로운 멘탈 OS를 안정적으로 작동시킬 수 있는지, 상대방의 구 버전 OS와 충돌하지 않으면서 건강한 소통을 유지할 수 있는지 배우게 된다. 그 과정에서 당신은 관계의 질이 놀랍도록 향상되는 경험을 하게 될 것이다.

CHECK LIST

☑ 6초 재부팅으로 감정뇌 ⇨ 이성뇌 전환 연습하기 완료

☑ 3-3-3 긴급 진정법 숙지 및 적용하기 완료

☑ LP판 홈 무한 루프 패턴 인터럽트 기법 이해하기 완료

☑ 변화 저항을 보안 경고로 인식하고 대처법 습득하기 완료

☑ 멘탈 작업 관리자로 감정 프로세스 모니터링 시스템 구축하기 완료

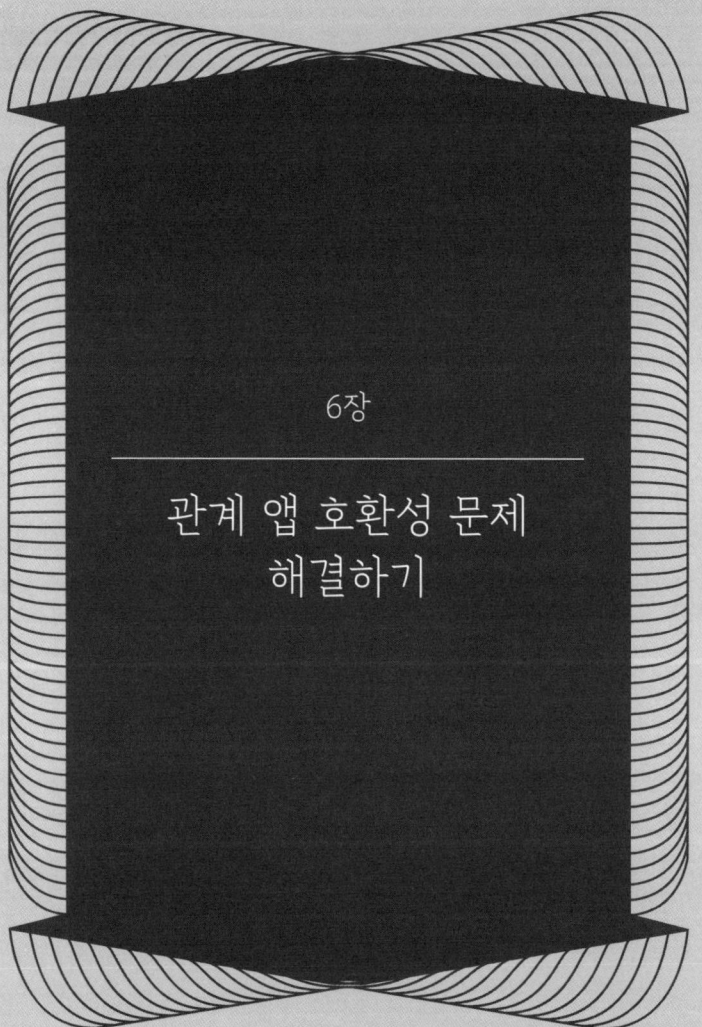

6장

관계 앱 호환성 문제
해결하기

사람들과의 연결 오류 수정하기

앞서 5장에서 우리는 개인의 구 버전 OS를 정리하고 백그라운드 앱들을 안전하게 제거하는 방법을 배웠다. 또한, 6초 재부팅 기법으로 감정뇌에서 이성뇌로 시스템을 전환하고, 3-3-3 긴급 진정법으로 멘탈 응급처치를 하며, LP판 홈에 빠진 바늘처럼 반복되는 패턴의 무한 루프를 중단하는 기술을 익혔다.

하지만 아무리 개인의 멘탈 OS를 완벽하게 업데이트했다고 해도 관계 속에서 계속 충돌이 일어난다면 무슨 소용이 있을까? 마치 최신 버전으로 업데이트한 스마트폰이 다른 기기들과 연결할 때마다 오류가 나는 것과 같다. 이제는 '관계 앱의 호환성 문제'를 해결할 시간이다.

관계도 앱이다: 두 OS가 만나는 순간

관계란 결국 두 개의 서로 다른 멘탈 OS가 만나서 데이터를 주고받는 과정이다. 당신이 아무리 최신 멘탈 OS로 업데이트했어도 상대방은 여전히 구 버전 OS로 돌아가고 있을 수 있다. 이때 발생하는 것이 바로 '호환성 문제'이다. 예를 들어, 당신은 솔직한 소통을 원하는 개방형 OS로 업데이트했는데, 상대방은 여전히 갈등 회피형 OS로 돌아간다면 어떻게 될까? 당신이 진심을 담아 "우리 관계에서 이 부분이 아쉬워"라고 말하면, 상대방의 회피 OS는 즉시 경보를 울리며 '공격받고 있다'고 해석한다. 그러면 상대방은 자동으로 침묵하거나 주제를 바꾸려 하고, 당신은 '왜 대화를 피하지?'라며 답답해한다. 이는 두 OS 간의 프로토콜이 맞지 않아 발생하는 전형적인 호환성 오류이다.

또 다른 사례를 살펴보자. 직장에서 당신이 완벽주의 OS에서 벗어나 '실수해도 괜찮다'는 새로운 OS로 업데이트했다고 하자. 그런데 상사는 여전히 '완벽해야 한다'는 구 버전 OS로 돌아간다면? 당신이 "이 부분에서 실수가 있었는데, 다음부터는 이렇게 개선하겠습니다"라고 솔직히 말한다면, 완벽주의 OS가 돌아가는 상사는 '이 직원은 무능하다'는 오류 메시지를 출력한다. 서로 다른 언어로 대화하는 것처럼 소통이 어긋나는 것이다.

이런 호환성 문제는 부부 관계에서 가장 자주 발생한다. 20년을 함께 산 부부라도 서로 다른 멘탈 OS로 돌아가고 있으면, 마치 외국인끼리 대화하는 것 같은 답답함이 든다. 남편은 '문제를 해결하자'는 해결형 OS로, 아내는 '일단 공감받고 싶다'는 공감형 OS로 대화에 접근하면 계속 엇갈리게 된다. 아내가 "오늘 정말 힘든 일이 있었어"라고 말했는데, 남편은 즉시 "그럼 이렇게 하면 되지 않을까?"라는 해결책을 제시한다. 하지만 공감형 OS인 아내는 "해결책이 아니라 위로가 필요했는데"라며 실망한다. 이렇게 선한 의도로 시작한 대화가 서로 다른 OS 때문에 오해와 갈등으로 번지는 상황이 많이 일어난다.

앱 간 충돌의 과학:
상호보완적 패턴의 함정

관계에서 가장 교묘하고 파괴적인 현상이 바로 '상호보완적 패턴'이다. 이는 마치 두 개의 앱이 서로의 취약점을 이용해 끝없이 충돌하는 것과 같다. 한 사람의 패턴이 상대방의 패턴을 자극하고, 그 반응이 다시 첫 번째 사람의 패턴을 강화하는 악순환 구조이다. 가장 대표적인 예가 '추격자-도망자 패턴'이다. 한 사람은 관계에서 더 많은 친밀감을 원하는 추격자 OS로, 다른 사람은 과도한 친밀감을 부담스러워하는 도망자 OS로 설정돼 있다. 추격자가 "우리 더 많이 대화할까?" 하고 다가서면, 도망자는 "너무 부담스럽다"라며 거리를 둔다. 그러면 추격자는 "왜 피하지?"라며 더욱 강하게 추격하고, 도망자는 더욱 멀리 도망가버린다. 이런 패턴이 반복되면서 둘 다 지쳐서 관계는 악화된다.

'완벽주의자-방관자 패턴'도 흔하다. 완벽주의 OS가 있는 사람은 모든 것을 완벽하게 통제하려 하고, 상대방은 '어차피 내가 해도 지적당한다'라며 방관하는 OS로 대응한다. 완벽주의자가 "왜 아무것도 안 하고 있어?"라고 지적하면, 방관자는 "내가 뭘 해도 어차피 틀렸다고 할 거잖아!"라며 더욱 소극적인 태도가 된다. 그러면 완벽주의자는 "역시 내가 다 해야 해"라며 더 통제적이 되고, 방관자는 더욱 위축된다. 이런 식으로 두 패턴이 서로를 강화하며 관계를 망가뜨린다.

직장에서도 '권위주의자-반항자 패턴'이 자주 나타난다. 상사가 '내 말을 무조건 들어야 한다'는 권위주의 OS로 운영하면, 부하직원은 '억압받는다'며 반항하는 OS로 대응한다. 상사가 '지시사항을 정확히 따르라'면서 압박하면, 직원은 '창의성을 억압한다'며 소극적으로 저항한다. 그러면 상사는 '역시 더 강하게 통제해야 해'라며 권위주의를 강화하고, 직원은 더욱 반발한다. 이런 패턴 충돌은 조직 전체의 생산성과 분위기를 악화시킨다.

부모-자녀 관계에서는 '과보호-의존 패턴'이 대표적이다. 부모가 '아이를 보호해야 한다'는 과보호 OS로 운영하면, 아이는 '부모가 다 해준다'는 의존 OS를 학습한다. 부모가 "네가 실패할까 봐 걱정돼. 내가 해줄게"라고 하면, 아이는 "굳이 내가 안 해도 되네?" 하며 의존적이 된다. 그러면 부모는 '아이가 너무 의존적이네, 더 챙겨줘야겠어'라며 과보호를 강화하고, 아이는 덩달아 더욱 의존적이 된다. 이런 상호보완적 패턴은 아이의 자립성을 해치고 부모의 스트레스를 증가하게 한다.

드라마 삼각형:
관계 앱의 악성 프로그램

관계에서 가장 파괴적인 악성 프로그램이 바로 '드라마 삼각형(Karpman, 1968)'이다. 이는 세 가지 역할이 자동으로 순환하며 관계를 망가뜨리는 시스템이다. 마치 컴퓨터에 바이러스가 감염되어 시스템 전체를 마비시키는 것처럼 드라마 삼각형이 작동하면 건강한 관계가 불가능해진다. 드라마 삼각형의 세 꼭짓점은 '가해자Persecutor', '피해자Victim', '구조자Rescuer'다. 이 세 역할은 고정되어 있지 않으며, 한 사람이 동시에 여러 역할을 하거나 순간적으로 역할이 바뀔 수 있다. 중요한 것은 역할의 순환이 아니라, 각 역할이 책임회피를 일으키고 문제해결을 방해한다는 점이다.

예를 들어, 부부의 갈등 상황을 살펴보자. 남편이 늦게 들어오자, 아내가 "왜 이렇게 늦었어?"라며 추궁한다. 그러면 남편은 "회사 일이 많아서 어쩔 수 없었어. 나도 힘들어"라며 피해자 역할을 한다. 그때 아이가 "맞아, 아빠가 우리를 위해 열심히 일하잖아"라며 구조자 역할을 한다. 그러면 아내는 "모두 한패가 돼서 나만 나쁜 사람 만드네"라며 가해자에서 피해자로 전환된다. 이제 남편과 아이가 "엄마가 너무 예민해"라며 가해자가 되고, 아내는 "아무도 나를 이해해 주지 않아"라며 피해자가 된다. 이런 식으로 역할이 계속 바뀌면서 진짜 문제는 해결되지 않고 관계만 악화한다.

직장에서도 드라마 삼각형은 자주 작동한다. 상사가 직원에게 "왜 이 일을 제대로 못 했어?"라고 비난한다. 이때는 상사가 가해자이고, 직원은 피해자이다. 그러면 동료가 "부장님, 그 직원이 요즘 개인적으로 힘든 일이 있어서 그래요"라며 구조자 역할을 한다. 그러면 상사는 "내가 직원들을 너무 몰아세웠나?"라며 피해자 역할이 되고, 동료와 직원은 "부장님은 항상 압박만 하세요"라며 가해자가 된다. 이런 역할 변화가 반복되면 팀워크가 망가지고 업무 효율성이 떨어진다.

드라마 삼각형의 가장 큰 문제는 '진정한 해결'이 일어나지 않는다는 점이다. 세 역할 모두 책임을 회피하고 상대방을 바꾸려고만 한다. 가해자는 "저 사람이 문제야"라고 비난하고, 피해자는 "나는 당했을 뿐이야"라며 무력감을 표현하며, 구조자는 "내가 도와줘야 해"라며 과도하게 개입한다. 하지만 아무도 자신의 패턴을 돌아보거나 건설적인 변화를 시도하지 않는다. 그래서 같은 문제가 계속 반복되고 관계는 점점 악화된다.

바이러스 전염 차단:
부정적 영향을 차단하는 방화벽 설치

관계에서 중요한 기술 중 하나가 바로 '바이러스 전염 차단'이다. 상대방의 부정적인 감정이나 패턴이 나에게 자동으로 전염되는 것을 막는 방화벽을 설치하는 것이다. 우리는 무의식적으로 상대방의 감정 상태에 동조하는 경향이 있다. 이를 '감정 전염'이라고 하는데, 뇌의 편도체와 전대상피질의 상호작용으로 일어나는 자연스러운 현상이다. 상대방의 감정 신호를 편도체가 감지하고, 전대상피질이 그 감정을 내 것처럼 경험하게 만든다. 문제는 이런 감정 전염이 항상 도움이 되는 것은 아니라는 점이다. 상대방이 화나 있을 때 나도 따라서 화가 나면, 문제가 해결되기는커녕 갈등만 확대된다.

예를 들어, 직장에서 상사가 스트레스를 받아서 짜증내는 상황을 생각해 보자. 상사의 짜증이 나에게 자동으로 전염되면, 나도 방어적이 되거나 위축된다. 그러면 상사는 "이 직원이 내 말을 제대로 듣지 않는다"라며 더 큰 짜증을 내고, 나는 더욱 위축되는 악순환에 빠지게 된다. 하지만 바이러스 차단 방화벽이 설치되어 있다면, 상사의 짜증을 개인적으로 받아들이지 않고 '아, 상사가 지금 스트레스를 받고 있구나'라고 객관적으로 인식할 수 있다. 그러면 상사의 감정에 휘둘리지 않고 냉정하게 상황을 파악하며 적절히 대응할 수 있게 된다.

가정에서도 바이러스 차단 기능은 매우 중요하다. 배우자가 직장에서 받은 스트레스를 집에 와서 풀 때, 그 감정이 나에게 자동 전염되면 집안 전체가 불편해진다. 하지만 '이건 배우자의 스트레스이지, 나에 대한 것이 아니다'라고 인식하면, 감정적으로 반응하지 않고 '오늘 많이 힘들었구나. 뭔가 도움이 될 만한 게 있을까?'라고 지지적으로 대응할 수 있다. 이렇게 바이러스를 차단하면 갈등이 확산되지 않고 오히려 관계가 개선된다.

바이러스 차단의 핵심은 '경계 설정'이다. 나의 감정과 상대방의 감정을 명확히 구분하는 것이 필요하다. '지금 내가 느끼는 이 불편함이 정말 내 것인가? 아니면 상대방에게서 전염된 것인가?'라고 자문해 보는 것이다. 만약 상대방에게서 전염된 것이라면, '이건 내 것이 아니다'라고 명확히 하고 흘려보내야 한다. 마치 컴퓨터 바이러스 백신이 '이 파일은 위험합니다'라고 경고하며 차단하는 것처럼 상대방의 부정적 감정을 '이건 내가 받을 필요가 없는 감정이다'라고 인식하고 차단해야 한다.

하지만 바이러스 차단이 상대방을 무시하거나 냉정하게 대하라는 뜻은 아니다. 오히려 감정적으로 휘둘리지 않을 때 상대를 더욱 따뜻하게 지지할 수 있다. 상대방의 감정을 공감하되, 그것을 나의 감정으로 만들지 않는 것이 핵심이다. 이렇게 하면 상대방도 자신의 감정을 더 안전하게 표현할 수 있고, 나도 지치지 않으면서 진정한 도움을 줄 수 있다.

안전한 대화 4단계 스크립트: 호환성 개선 프로토콜

이제 실제로 관계 앱의 호환성을 개선하는 구체적인 방법을 알아보자. '안전한 대화 4단계 스크립트'는 마셜 로젠버그의 비폭력 대화 NVC: Nonviolent Communication 모델을 관계 호환성 개선에 맞게 응용한 것이다. 이는 관찰-감정-욕구-요청의 4단계로 다양한 소통 스타일을 가진 사람들이 안전하게 소통할 수 있도록 돕는다.

1단계: 관찰Observation — 팩트만 말하기

첫 번째 단계는 해석이나 판단을 빼고 순수한 사실만 말하는 것이다. "당신은 항상 늦잖아"라고 말하는 대신 "약속 시간보다 30분 늦게 왔네"라고 구체적인 사실만 말한다. '당신은 나를 무시해'라는 해석 대신 "내가 말할 때 휴대폰을 보고 있었어"라는 관찰을 공유한다. 이렇게 하면 상대방의 방어 시스템이 작동하지 않는다. 해석이나 판단이 포함되면 상대방의 멘탈 OS는 즉시 '공격받고 있다'라고 인식하여 방어 모드로 전환된다. 하지만 순수한 팩트만 말하면 상대방도 "아, 그런 일이 있었구나"라고 인정할 수 있다.

2단계: 감정Feeling – 내 감정 솔직히 표현하기

두 번째 단계는 그 상황에서 내가 느낀 감정을 솔직하게 표현하는 것이다. "30분 늦게 와서 나는 걱정되고 서운했어"라고 말한다. 여기서 중요한 것은 '너 때문에 화났다'가 아니라 '나는 화가 났다'라고 감정의 주인을 명확히 하는 것이다. 감정은 나의 것이고, 상대방이 책임져야 할 것이 아니라는 점을 분명히 한다. 이렇게 하면 상대방은 비난받는다는 느낌 없이 내 감정을 이해할 수 있다. '아, 이 사람이 이런 감정을 느꼈구나'라고 공감할 여지가 생긴다.

3단계: 욕구Need – 내가 진짜 원하는 것 명확히 하기

세 번째 단계는 내가 진짜 원하는 것이 무엇인지 명확히 표현하는 것이다. "나는 우리 약속을 소중히 여기고 있다는 느낌을 받고 싶어"라고 근본적인 욕구를 말한다. "나는 존중받고 있다는 느낌이 필요해"라고 표현한다. 여기서 중요한 것은 해결책을 강요하지 않고 욕구 자체를 공유하는 것이다. "앞으로 절대 늦지 마"라는 요구 대신 "나는 우리 시간이 소중하다는 느낌을 받고 싶어"라는 욕구를 표현한다. 이렇게 하면 상대방도 내 욕구를 이해하고 자발적으로 협력할 방법을 찾으려고 한다.

4단계: 요청Request – 구체적이고 실행 가능한 협력 요청하기

마지막 단계는 구체적이고 실행 가능한 협력을 요청하는 것이다. "혹시 늦을 것 같으면 미리 연락해 줄 수 있을까?"라고 구체적으로 요청한다. 또한, "우리가 함께 시간 관리 방법을 찾아볼 수 있을까?"라고 협력을 제안한다. 여기서 중요한 것은 명령이 아닌 요청이라는 점이다. 상대방이 거절할 수도 있다는 것을 인정하고, 함께 해결책을 찾아가겠다는 자세를 보여야 한다. "무조건 이렇게 해"가 아니라 "이렇게 하면 어떨까? 다른 좋은 방법이 있다면 함께 찾아보자"라는 열린 자세를 유지한다.

이 4단계 스크립트의 핵심은 상대방을 바꾸려 하지 않고, 내 상태를 솔직하게 공유하면서 함께 협력할 방법을 찾는 것이다. 마치 컴퓨터 네트워크에서 "내가 이런 데이터를 보내고 싶은데, 어떤 프로토콜을 사용하면 좋을까?"라고 협의하는 것과 같다. 이렇게 하면 다양한 패턴을 가진 사람들도 원활하게 소통할 수 있다.

네트워크 연결 진단:
관계별 호환성 점검

관계 앱이 제대로 작동하려면 정기적인 '네트워크 연결 진단'이 필요하다. 마치 네트워크 관리자가 주기적으로 연결 상태를 점검하듯이 우리도 관계의 호환성을 정기적으로 점검해야 한다. 각 관계의 특성에 맞는 점검 항목들을 살펴보자.

부부 관계의 호환성 진단

부부 관계에서 가장 중요한 것은 '친밀감 OS'와 '자율성 OS' 간의 균형이다. 한 사람은 더 많은 친밀감을 원하고, 다른 사람은 개인 시간을 중요하게 여길 수도 있다. 이때 호환성 진단을 통해 서로의 욕구를 이해하고 조율해야 한다. "우리가 함께 보내는 시간에 대해 어떻게 느끼고 있는지 솔직하게 이야기해 보자", "각자만의 시간도 필요한데, 이 부분에 대해서는 어떻게 생각해?"와 같은 대화를 통해 호환성을 점검한다. 또한, '갈등 처리 OS'도 중요하다. 한 사람은 갈등을 즉시 해결하려 하고, 다른 사람은 시간을 두고 생각하려 할 수 있다. "우리가 의견이 다를 때 어떻게 대화하면 좋을지 함께 정해보자"라는 식으로 갈등 처리 방식도 호환시켜야 한다.

직장 관계의 호환성 진단

직장에서는 '업무 스타일 OS'와 '소통 방식 OS' 간의 호환성이 중요하다. 어떤 사람은 철두철미한 계획을 선호하고, 다른 사람은 유연한 접근을 선호할 수 있다. 상사와 부하직원 간에는 "제가 일하는 방식에 대해서 피드백 주시면 감사하겠습니다", "어떤 방식으로 보고 받으시는 걸 선호하세요?"와 같은 대화를 통해 업무 스타일을 조율한다. 동료 간에는 "우리가 협업할 때 어떤 방식이 서로 편할까요?"라는 질문으로 협업 방식을 협의한다. 의사결정 OS도 점검해야 한다. 빠른 결정을 선호하는 사람과 신중한 검토를 원하는 사람 간의 조율이 필요하다.

부모-자녀 관계의 호환성 진단

부모-자녀 관계에서는 아이의 발달 단계에 맞는 '양육 OS'와 '독립

성 지원 OS' 간의 균형이 중요하다. 아이가 성장하면서 부모의 OS도 계속 업데이트되어야 한다. 유아기에는 보호와 돌봄 OS가 중요하지만, 청소년기에는 자율성 지원 OS로 전환해야 한다. "네가 스스로 결정하고 싶은 것들이 있니?", "부모가 어디까지 도움을 주면 좋겠어?"와 같은 대화를 통해 아이의 욕구를 파악하고 양육 방식을 조율한다. 또한, 아이의 고유한 기질과 부모의 기대 간의 호환성도 점검해야 한다. 내향적인 아이에게 외향적인 활동을 강요하지 않고, 아이만의 강점을 발견하고 지원하는 방향으로 OS를 업데이트한다.

친구 관계의 호환성 진단

친구 관계에서는 '친밀도 OS'와 '경계 설정 OS' 간의 균형이 중요하다. 어떤 친구는 깊은 이야기를 나누는 것을 좋아하고, 다른 친구는 가벼운 만남을 선호할 수 있다. "우리가 어떤 방식으로 우정을 나누면 서로 편할까?"라는 대화를 통해 친구 관계의 스타일을 맞춘다. 연락 빈도나 만남 방식에 대한 기대도 조율해야 한다. "연락을 자주 안 해도 우정에는 변함이 없다는 걸 서로 이해하자"라는 식으로 관계의 규칙을 정한다.

네트워크 연결 진단의 핵심은 '정기적인 점검'과 '상호 조율'이다. 일방적으로 내 방식을 강요하지 않고, 상대방의 패턴을 이해하며 호환 가능한 방식을 찾아가는 것이다. 이를 통해 관계의 질이 향상되고, 갈등이 줄어들며, 서로를 더 깊이 이해할 수 있게 된다.

관계별 특수 상황 대처법: 상황별 호환성 솔루션

각 관계에는 고유한 특수 상황이 있고, 이에 맞는 호환성 솔루션이 필요하다. 이를 관계별로 구체적으로 살펴보자.

부부 관계의 특수 상황들

'육아 스트레스'는 부부 관계에서 가장 흔한 호환성 문제 중 하나다. 육아로 지친 상황에서 두 사람의 멘탈 OS가 모두 스트레스 모드로 전환되면, 서로를 지지하기보다는 비난하게 된다. 이때 필요한 것이 '교대 시스템'이다. "오늘은 내가 아이를 봐줄 테니까 당신은 좀 쉬어", "내가 많이 힘들 때는 당신이 대신해 줄 수 있어?"와 같은 방식으로 서로의 한계를 인정하고 지원한다. '감정 처리 방식의 차이'도 자주 문제가 된다. 한 사람은 문제가 생기면 즉시 대화하고 싶어 할 수도 있고 다른 사람은 혼자 생각할 시간이 필요할 수도 있다. 이때는 "당신이 생각할 시간을 먼저 줄게. 대신 언제쯤 대화할 수 있는지 알려주면 좋겠어"라는 식으로 타이밍을 조율한다.

'경제적 가치관 차이'도 부부 관계의 주요 호환성 문제다. 한 사람은 저축을 중시하고 다른 사람은 현재 누리는 즐거움을 중시할 수 있다. 이때는 "우리의 경제적 목표를 함께 정하고, 그 안에서 각자의 가치관을 존중하는 방법을 찾아보자"라는 접근이 필요하다. 예를 들어, 전체 예산의 70%는 저축과 필수 지출로, 30%는 각자 자유롭게 사용하는 식으로 타협점을 찾는다.

직장 관계의 특수 상황들

'세대 간 가치관 차이'는 직장에서 자주 발생하는 호환성 문제다. 기성세대는 회사에 대한 충성도를 중시하고, 젊은 세대는 개인의 성장과 워라밸을 중시할 수 있다. 이때 상호 이해가 필요하다. 젊은 세대는 "선배님 세대에서는 회사에 대한 헌신이 가장 중요했겠지만, 저희 세대에서는 개인의 성장도 함께 추구하는 걸 원해요"라는 식으로 솔직하게 대화한다. 반대로 기성세대는 "요즘 젊은 직원들의 가치관도 이해하고 싶어요. 어떤 방식으로 일할 때 더 효과적인지 알려주세요"라고 묻는다.

'권위주의적 상사와의 갈등'도 흔한 문제다. 상사가 일방적인 지시를 선호할 때, 부하직원은 어떻게 대응해야 할까? 직접적인 반발보다는 "말씀하신 방향에 동의해요. 제가 이해한 내용이 맞는지 확인해보고 싶은데요"라는 식으로 우회적으로 소통한다. 대안을 제시할 때도 "이런 방식으로 접근하면 어떨까요?"라고 명령이 아닌 제안의 형태로 표현한다.

부모-자녀 관계의 특수 상황들

'사춘기 자녀와의 갈등'은 부모에게 가장 어려운 호환성 문제 중 하나다. 이 시기의 아이들은 독립성을 추구하면서도 여전히 부모의 지지가 필요한 복잡한 상태에 있다. 부모의 '보호 OS'와 아이의 '자율성 OS' 간의 충돌이 빈번하다. 이때는 부모가 "네가 스스로 결정하고 싶다는 마음은 이해해. 동시에 부모로서 걱정되는 마음도 있어. 함께 좋은 방법을 찾아보자"라는 접근이 필요하다. 일방적인 통제나 방임이 아닌, 협상과 타협을 통해 해결책을 찾는 것이다.

'학업 성취에 대한 기대 차이'도 자주 문제가 된다. 부모는 좋은 성적을 바라지만, 아이는 다른 것에 관심이 있을 수 있다. 이때는 "공부도 중요하지만 네가 진짜 좋아하는 게 뭔지도 궁금해. 둘 다 고려해서 계획을 세워보자"라는 균형 잡힌 접근을 해본다.

친구 관계의 특수 상황들

'친구의 지속적인 부정적 태도'는 우정에 부담을 주는 주요 요인이다. 한 친구가 계속 불평만 하거나 부정적인 에너지를 전달할 때, 다른 친구는 지칠 수 있다. 이때는 "네가 힘든 건 이해해. 동시에 나도 함께 힘들어져서 어떻게 도움이 될 수 있을지 고민이야"라고 솔직하게 표현한다. 무조건 견디거나 관계를 끊는 것이 아니라, 건강한 경계를 설정하면서도 우정을 유지하는 방법을 찾는다.

'친구와의 가치관 차이'도 우정에 영향을 미칠 수 있지만, 이는 오히려 서로를 더 깊이 이해하는 기회가 될 수 있다. "우리가 이 부분에서는 생각이 다르네. 서로의 관점을 더 이야기 나누어보고 싶어"라는 호기심 어린 자세로 접근하면, 차이를 갈등이 아닌 성장의 기회가 될 것이다.

관계 OS 업그레이드 실전 시나리오: 상황별 솔루션 가이드

이제 실제 관계에서 자주 발생하는 구체적인 상황들을 통해 관계 OS 호환성 개선 방법을 실습해 보자. 각 시나리오는 실제 코칭 현장에서 자주 접하는 사례들을 바탕으로 구성했다.

시나리오 1: 완벽주의 상사 vs. 창의형 직원

IT 회사의 김 팀장은 모든 업무를 완벽히 처리해야 한다는 완벽주의 OS로 팀을 관리한다. 반면 새로 들어온 이 대리는 창의적인 아이디어를 중시하는 혁신형 OS를 가지고 있다. 이 대리가 새로운 기획안을 제시하면, 김 팀장은 "이 부분은 검증이 안 됐고, 저 부분은 리스크가 있어"라며 계속 문제점만 지적한다. 그러면 이 대리는 '팀장님은 새로운 시도를 싫어해'라고 생각하고, 김 팀장은 '신입은 현실감각이 없어'라고 판단한다. 이런 상황에서는 양쪽 모두 좌절감을 느끼고 업무 효율성이 떨어진다.

호환성 개선 솔루션 김 팀장의 완벽주의 OS는 '안전'을 추구하고, 이 대리의 혁신형 OS는 '성장'을 추구한다는 점을 서로 이해해야 한다. 김 팀장은 "당신의 창의적인 아이디어는 정말 좋네요. 제가 우려하는 부분들을 함께 보완해 보면 어떨까요?"라고 접근할 수 있다. 한편 이 대리는 "팀장님의 경험을 바탕으로 한 조언이 정말 도움이 되네요. 제가 놓친 부분들을 어떻게 보완하면 좋을지 가르쳐주세요"라고 대응할 수 있다. 이렇게 하면 완벽주의와 창의성이 대립하는 것이 아니라, 상호 보완하는 관계가 된다.

시나리오 2: 감정표현형 아내 vs. 문제해결형 남편

결혼 8년 차인 박민찬 씨는 의사소통 방식이 달라 자주 갈등을 겪는다. 아내는 감정 공유를 중시하는 감정표현형 OS를 가지고 있고, 남편은 즉시 해결책을 찾으려는 문제해결형 OS를 가지고 있다. 아내가 "오늘 회사에서 정말 힘든 일이 있었어. 동료가 내 아이디어를 자기 것인 양 발표해서 너무 화가 나"라고 말하면, 남편은 "그럼 상사에게 사실을 얘기하든지 아니면 증거를 모아서 대응하면 되지 않을까?"라며 즉시 해결책을 제시한다. 하지만 아내는 "지금 나한테는 해결책이 필요한 게 아니라, 내 마음을 이해해 줬으면 좋겠어"라며 답답해한다. 남편은 '난 도움이 되려고 한 말인데, 왜 화를 내지?'라며 당황해한다.

호환성 개선 솔루션 아내는 대화를 시작할 때 "지금 내가 원하는 게 뭔지 먼저 말할게. 해결책보다는 내 감정을 이해해 줬으면 좋겠어"라고 명확히 표현할 수 있다. 남편은 "일단 당신이 어떤 기분인지부터 들어볼게. 정말 속상했겠다"라고 감정부터 수용한 뒤에 "내가 도움이 될 만한 아이디어가 있으면 나중에 얘기해도 될까?"라고 물어볼 수 있다. 이렇게 하면 감정 공유와 문제 해결이 순차적으로 이루어져서 둘 다 만족할 수 있다.

시나리오 3: 과보호형 엄마 vs. 독립추구형 고등학생 딸

고등학교 2학년 은서는 독립성을 중시하는 자율추구형 OS를 가지고 있지만, 엄마는 여전히 딸을 보호해야 한다는 과보호형 OS로 접근한다. 은서가 "친구들이랑 늦게까지 공부하고 와도 돼?"라고 물으면, 엄마는 "밤늦게 다니면 위험해. 집에서 공부하는 게 낫지 않을까?"라고 반대한다. 그러면 은서는 "엄마는 나를 아직도 아기 취급해"라며 반발하고, 엄마는 "엄마가 걱정하는 것도 모르고"라며 서운해한다. 이런 갈등이 반복되면서 모녀 관계가 경직된다.

호환성 개선 솔루션 엄마는 딸의 성장 욕구를 인정하면서도 안전에 대한 우려를 솔직하게 표현할 수 있다. "네가 독립적으로 행동하고 싶어 하는 마음은 이해해. 동시에 엄마로서 걱정되는 것도 사실이야. 서로가 안심할 수 있는 방법을 함께 찾아보자"라고 접근한다. 은서는 "엄마가 하시는 걱정은 이해해요. 제가 안전하게 다닐 수 있는 방법을 제안해볼게요"라며 구체적인 계획을 세워서 제시할 수 있다. 예를 들어, "친구 부모님께 연락드려서 확인받고, 정확한 위치와 시간을 알려드릴게요"라는 식으로 타협점을 찾는다.

시나리오 4: 경쟁형 동료 vs. 협력형 직원

마케팅팀의 정 과장은 동료들과의 경쟁을 통해 동기부여가 되는 경쟁형 OS를 가지고 있다. 반면 같은 팀의 한 대리는 팀워크를 중시하는 협력형 OS를 선호한다. 정 과장이 "이번 프로젝트에서 누가 더 좋은 성과를 낼지 경쟁해 보자"라고 제안하면, 한 대리는 '경쟁보다는 함께 좋은 결과를 만들어가면 좋겠는데'라고 생각한다. 정 과장은 한 대리를 의욕이 없다고 여기고, 한 대리는 정 과장을 개인주의적이라고 판단한다. 이런 인식 차이 때문에 팀 프로젝트에서 시너지가 나지 않는다.

호환성 개선 솔루션 두 사람은 서로의 동기 패턴이 다르다는 것을 인정하고 상호보완적으로 활용할 수 있다. 정 과장은 "제가 경쟁을 통해 에너지를 얻는 스타일이에요. 하지만 팀 전체의 성공이 더 중요하니까 개인 목표와 팀 목표를 어떻게 연결할 수 있을지 함께 생각해봐요"라고 제안할 수 있다. 한 대리는 "과장님의 추진력이 팀에 정말 도움이 되는 것 같아요. 제가 팀원들 간의 협력을 조율하는 역할을 맡으면 시너지를 낼 수 있을 것 같은데 어떠세요?"라고 대응할 수 있다. 이렇게 하면 경쟁과 협력이 조화를 이루는 팀워크가 만들어진다.

시나리오 5: 즉석형 친구 vs. 계획형 친구

대학 동기인 서환씨와 범진 씨는 라이프 스타일 차이로 만날 때마다 자주 불편함을 느낀다. 서환 씨는 즉흥성을 중시하는 즉석형 OS로 "오늘 갑자기 시간이 생겼는데 만날까?"라고 연락하는 것을 좋아한다. 반면 범진씨는 미리 계획을 세우는 것을 좋아하는 계획형 OS로 "최소 일주일 전에는 약속을 잡아야 마음이 편해"라는 스타일이다. 서환 씨는 범진 씨를 너무 경직돼 있다고 생각하고, 범진 씨는 서환 씨를 무계획적이라고 여긴다. 이런 차이 때문에 만남의 빈도가 줄어들고 우정에 금이 가기 시작한다.

<u>호환성 개선 솔루션</u> 두 친구는 서로의 스타일을 인정하고 중간 지

점을 찾을 수 있다. 서환 씨는 "네가 계획적으로 움직이는 스타일인 건 이해해. 우리 가끔은 미리 약속을 잡기도 하고, 가끔은 즉석 만나는 게 어떨까?"라고 제안할 수 있다. 범진 씨는 "네 즉흥성도 매력적이야. 내가 여유가 있을 때는 갑작스러운 만남도 괜찮다고 미리 알려줄게"라고 대응할 수 있다. 더불어 "정기적인 만남은 미리 계획하고, 추가 만남은 즉석으로 하자"는 식으로 두 가지 방식을 병행할 수 있다.

관계 패턴 진단 도구:
나와 상대방의 OS 매핑

관계의 호환성을 개선하려면, 먼저 나와 상대방이 각각 어떤 멘탈 OS를 사용하는지 정확히 파악해야 한다. 이를 위한 실용적인 진단 도구를 제공한다.

의사소통 스타일 진단하기

먼저 의사소통 방식에서 나와 상대방의 차이를 파악해 보자. 사람들의 의사소통 OS는 크게 네 가지 유형으로 나뉜다. 먼저 '직설형 OS'는 명확하고 직접적인 표현을 선호한다. "이 부분이 문제야"라고 바로 말하는 스타일이다. '우회형 OS'는 돌려서 표현하기를 선호한다. "이 부분이 좀 더 개선되면 좋겠는데요"라고 완곡하게 말하는 스타일이다. '감정형 OS'는 감정 표현을 중시한다. "제가 이렇게 느끼는

데요"라고 감정을 먼저 표현하는 스타일이다. '논리형 OS'는 사실과 근거를 중시한다. "데이터를 보면 이런 결과가 나와요"라고 객관적 정보를 먼저 제시하는 스타일이다.

각 스타일 간의 호환성을 높이려면 상대방의 선호 방식을 이해하고 거기에 맞춰 소통해야 한다. 직설형과 우회형이 만났을 땐, 직설형은 조금 더 부드럽게 표현하고 우회형은 조금 더 명확하게 의도를 전달하는 것이 좋다. 감정형과 논리형이 만났을 땐, 감정형은 구체적인 사실도 함께 제시하고, 논리형은 상대방의 감정도 인정해 주는 것이 효과적이다.

갈등 대응 스타일 진단하기

갈등 상황에서의 대응 방식도 사람마다 다르다. '즉시해결형 OS'는 문제가 생기면 바로 해결하려고 한다. "지금 당장 이야기해서 정리하자"는 스타일이다. '시간지연형 OS'는 시간을 두고 생각한 후 대응하려고 한다. "조금 시간을 두고 생각해본 후에 이야기하자"는 스타일이다. '회피형 OS'는 갈등 자체를 피하려고 한다. "굳이 이야기하지 않아도 시간이 지나면 해결될 거야"라는 스타일이다. '정면돌파형 OS'는 갈등을 정면으로 마주한다. "문제를 명확히 해서 해결하자"는 스타일이다.

이런 갈등 대응 스타일의 차이를 이해하면, 갈등 상황을 더 효과적으로 관리할 수 있다. 즉시해결형과 시간지연형이 만나면, "우선 각자 생각할 시간을 가진 다음 언제 다시 이야기할지 정하자"는 식으로 중간 지점을 찾을 수 있다. 회피형과 정면돌파형이 만나면, "작은 부분부터 차근차근 이야기해 보자"는 방식으로 회피형이 부담스러워하지 않는 선에서 점진적으로 접근할 수 있다.

친밀감 추구 스타일 진단하기

관계에서의 친밀감 추구 방식도 개인차가 크다. '고밀도형 OS'는 깊고 강한 친밀감을 선호한다. '서로의 모든 것을 나누고 싶어 하는' 스타일이다. '적정밀도형 OS'는 적당한 수준의 친밀감을 유지하려고 한다. '가까이 지내면서도 각자의 영역은 존중하자'는 스타일이다. '자율형 OS'는 개인의 독립성을 중시한다. '친밀하되 서로의 자유를 보장하자'는 스타일이다. '의존형 OS'는 상대방과의 연결을 매우 중요하게 여긴다. '항상 함께하고 싶어 하는 것'이다.

이런 친밀감 스타일의 차이를 조율하려면, 서로의 욕구를 존중하면서 타협점을 찾아야 한다. 고밀도형과 적정밀도형이 만나면, "특별한 시간에는 깊이 있는 대화를 나누고, 평상시에는 편안하게 교류하자"라는 식으로 상황별로 다르게 접근할 수 있다. 자율형과 의존

형이 만나면, '정기적인 만남은 보장하되, 개인 시간도 충분히 갖자'
는 방식으로 균형을 맞출 수 있다.

갈등 예방 시스템:
문제가 되기 전에 미리 대처하기

관계에서 가장 효과적인 접근은 갈등이 발생한 후 해결하기보다 미리 예방하는 것이다. 이를 위한 체계적인 예방 시스템을 구축해 보자.

조기경보 시스템 구축

우리는 관계에서 문제가 생기기 전에 나타나는 신호들을 미리 감지하는 조기경보 시스템을 만들 수 있다. 개인적 차원에서는 나 자신의 스트레스 지수가 올라갈 때 나타나는 신호들을 파악해둔다. '업무가 과부하될 때 나는 평소보다 말수가 줄어든다', '피곤할 때는 작은 일에도 예민하게 반응한다'와 같은 패턴을 인식한다. 관계적 차원에서는 상대방과의 소통에서 나타나는 변화 신호들을 관찰한다. '대화 시간이 줄어든다', '농담이 없어진다', '눈맞춤이 줄어든다'와 같은 변화들이 관계의 경보 신호가 될 수 있다.

이런 조기경보 신호를 포착하면 즉시 대응이 가능해진다. "요즘 내가 좀 예민한 것 같아. 스트레스를 받고 있어서 그런가 봐. 혹시 내가 무례하게 굴었다면 미안해"라고 미리 양해를 구할 수도 있다. 또는 "우리 사이에 뭔가 어색한 느낌이 드는데, 혹시 내가 놓친 게 있을까?"라고 먼저 확인해 볼 수도 있다. 이렇게 작은 신호 단계에서 대응하면 큰 갈등으로 번지는 것을 예방할 수 있게 된다.

정기적 관계 점검 시스템

우리가 자동차를 정기 점검하듯이 중요한 관계들도 정기적으로 점검하는 시스템을 만들 수 있다. 부부 관계에서는 월 1회 정도 '관계 점검의 시간'을 갖는다. "이번 달에 우리 관계에서 좋았던 점과 아쉬웠던 점을 서로 이야기 나눠보자", "다음 달에는 어떤 부분을 더 신경 썼으면 좋겠는지 이야기해 보자"는 식으로 소통한다. 직장에서는 상사와 부하직원 간에 분기별로 업무 관계를 점검할 수 있다. "우리의 업무 소통 방식에서 개선할 점이 있을까요?", "제가 더 잘할 수 있는 부분이 있다면 알려주세요" 등의 대화를 나눈다.

부모-자녀 관계에서는 아이의 성장 단계에 맞춰 관계 방식을 점검한다. 부모는 "네가 성장하면서 너를 대하는 방식도 바뀌어야 할 것 같은데, 어떤 점을 바라니?", "어떤 도움을 주면 좋겠어?"라고 물어본다. 친구 관계에서는 "우리 우정에서 서로에게 바라는 게 있다면 솔직하게 이야기해 보자"라면서 시간을 갖는다. 우리는 이런 정기 점검을 통해 작은 불만이나 오해가 큰 문제로 발전하는 것을 사전에 막을 수 있다.

기대치 조율 시스템

인간관계에서 갈등은 '기대치 불일치'에서 시작하는 것이 높은 비중을 차지한다. 나는 상대방이 이렇게 행동하기를 기대했는데, 상대방은 전혀 다르게 행동하는 상황이 바로 그렇다. 이를 예방하려면 서로의 기대치를 미리 명확히 하는 시스템이 필요하다. 새로운 프로젝트를 시작할 때는 "각자 어떤 역할을 맡고, 어떤 방식으로 소통할지 미리 정하자"라고 협의한다. 연인 관계에서는 "연락과 만남 빈도에 대해 서로 어떻게 생각하는지 이야기해 보자"라고 대화한다. 부모-자녀 관계에서는 "용돈이나 외출에 대한 규칙을 함께 정하자"라고 협의한다.

기대치를 조율할 때는 한쪽이 일방적으로 정하지 않고 서로의 의견을 충분히 듣는 것이 중요하다. "내가 기대하는 것은 이런데, 당신은 어떻게 생각해?", "서로의 기대가 다르다면 중간 지점을 찾아보자"라는 자세로 접근한다. 기대치는 상황에 따라 변할 수 있으므로 정기적으로 재조율하는 것이 필요하다.

스트레스 관리 공유 시스템

개인의 스트레스가 관계에 미치는 영향을 최소화하기 위한 공유 시스템도 중요하다. 각자의 스트레스 패턴을 서로에게 미리 알려주는 것이다. "나는 업무가 많을 때 집에서 말수가 줄어들어. 이건 당신한테 관심이 없는 게 아니라 그냥 에너지가 부족해서 그래"라고 미리 알려준다. 또는 "나는 발표를 앞두고 있을 때 예민해지는 경향이 있어. 그때는 조금 더 이해해주면 좋겠어"라거나 "나는 스트레스받을 때 혼자만의 시간이 필요해. 이건 당신을 피하는 게 아니라, 스스로 에너지를 충전하는 시간이야"라고 설명한다.

이렇게 서로의 스트레스 패턴을 미리 알고 있으면, 상대방의 행동을 관계의 문제로 받아들이지 않고 이해할 수 있다. 자신이 스트레스를 받고 있을 때는 "지금 스트레스 모드야"라고 미리 알려주어서 상대방이 대비할 수 있도록 한다. 반대로 상대방이 스트레스를 받고 있을 때는 "많이 힘들어 보이네. 내가 뭔가 도와줄 수 있을까?"라고 지지해 줄 수 있다.

회복탄력성 강화:
갈등 후 관계 복구 전략

아무리 예방 시스템이 잘 갖춰져 있어도 관계에서 갈등이나 상처는 불가피하게 발생한다. 중요한 것은 갈등 후에 관계를 어떻게 복구하고 더 강하게 만드느냐이다. 이를 위한 체계적인 전략을 알아보자.

관계 복구 4단계 프로세스

관계가 손상되었을 때 복구하는 과정은 4단계로 진행된다. 1단계는 '일시 정지'다. 감정이 격해진 상태에서는 건설적인 대화가 불가능하므로 일단 시간을 갖는다. "지금은 감정이 격해져 있으니까 조금 시간을 가진 후에 이야기하자"라고 제안한다. 이때 중요한 것은 회피가 아닌 '전략적 일시 정지'라는 점을 명확히 하는 것이다. "이야기를 피하려는 게 아니라, 더 좋은 대화를 위해서 시간을 갖자"는 의도를 분명히 한다.

2단계는 '성찰'이다. 각자 자신의 패턴과 행동을 돌아보는 시간을 갖는다. '나의 어떤 구 버전 OS가 작동했나?', '상대방에게 상처를 준 부분이 있나?', '내가 진짜 원했던 것은 무엇인가?'를 스스로에게 묻는다. 이때 상대방을 비난하는 데 에너지를 쓰지 않고 자신을 이해하는 데 집중한다. 상대방도 나름의 이유와 패턴이 있었을 것이라고 인정한다.

3단계는 '재접근'이다. 감정이 정리되고 성찰이 끝나면 다시 대화를 시도한다. 이때는 비난이나 변명으로 시작하지 않고, 자신의 책임부터 인정한다. "내가 너무 감정적으로 반응했네. 미안해" 또는 "내가 당신의 입장을 충분히 고려하지 못했던 것 같아"라고 시작한다. 그다음에 자신의 진정한 욕구를 표현한다. "내가 진짜 원했던 것은 이런 거였어", "우리가 함께 이런 방향으로 가면 좋겠어"라고 건설적으로 제안한다.

4단계는 '새로운 약속'이다. 앞으로 비슷한 상황이 생기면 어떻게 대응할지를 함께 정한다. "다음에 이런 일이 생기면 이렇게 하자", "우리만의 갈등 해결 규칙을 만들어보자"라는 식으로 예방책을 세운다. 이때 완벽한 해결책을 찾으려 하지 않고 서로 노력하겠다는 의지를 확인하는 것이 중요하다.

상처의 치유와 신뢰 회복

갈등으로 인한 상처를 치유하고 신뢰를 회복하는 과정은 시간이 걸린다. 이 과정을 효과적으로 관리하는 방법을 알아보자. 먼저 상처를 인정하고 검증하는 것이 필요하다. "당신이 상처받았다는 걸 이해해", "내 행동이 당신에게 그런 영향을 미쳤구나"라고 상대방의 감정을 인정해 준다. 이때 "그럴 의도가 아니었어"라는 변명보다는 결과에 대한 책임을 인정하는 것이 더 효과적이다.

신뢰 회복은 말보다는 행동이 중요하다. 작은 약속부터 지키면서 점진적으로 신뢰를 쌓아가야 한다. "앞으로는 이렇게 하겠다"라고 말한 후에는 반드시 실행에 옮긴다. 처음에는 작은 것부터 시작해서 일관성 있게 보여준다. 예를 들어, "앞으로는 화가 나도 큰소리 내지 않겠다"라고 약속했다면, 화가 나는 상황에서도 차분히 말하는 모습을 계속 보여준다.

　신뢰 회복 과정에서는 투명성도 중요하다. 자신의 감정이나 상태를 솔직하게 공유해야 한다. "오늘 좀 스트레스를 받아서 예민할지도 몰라", "지금 화가 나지만 예전처럼 폭발하지는 않으려고 노력하고 있어"라고 진솔하게 마음을 알린다. 이런 투명성은 상대방이 안심할 수 있게 만들고, 서로를 더 깊이 이해할 수 있게 한다.

갈등을 관계 강화의 기회로 활용하기

우리는 갈등을 단순히 부정적인 사건으로만 보지 않고 관계를 더욱 강하게 만드는 기회로 활용할 수 있다. 갈등을 통해 서로에 대해 몰랐던 부분을 발견하고, 더 깊이 이해할 수 있는 것이다. "이번 일로 당신이 이런 것을 중요하게 여긴다는 걸 알게 됐어", "내가 이런 부분에 민감하다는 것도 스스로 처음 알았어"라는 식으로 성찰의 기회로 삼는다.

갈등을 함께 극복한 경험은 향후 관계의 결속력을 강화한다. 그러면 "우리가 이런 어려움도 함께 넘어섰구나"라는 자신감이 생긴다. 이런 경험은 앞으로 다른 어려움이 생겼을 때도 "우리는 함께 해결할 수 있어"라는 믿음의 기반이 된다. 갈등 해결 과정에서 새롭게 만든 소통 방식이나 규칙들은 관계의 품질을 한 단계 높여준다.

마지막으로 갈등 후에는 긍정적인 경험을 의도적으로 늘려가는 것이 좋다. 함께 즐거운 시간을 보내고, 서로를 격려하며, 고마움을 표현하는 기회를 많이 만든다. 이런 긍정적 경험이 갈등의 기억을 상쇄하고, 관계에 대한 전반적인 인식을 개선한다.

소통 도구와 기법들: 관계별 맞춤형 솔루션

다양한 관계에서 효과적으로 활용할 수 있는 구체적인 소통 도구와 기법들을 정리해 보자. 각 도구는 특정 상황이나 관계에서 더 효과적이므로, 상황에 맞게 선택해서 사용하는 것이 중요하다.

미러링 기법: 상대방의 감정 반영하기

미러링은 상대방의 감정이나 상태를 거울처럼 반영하는 기법이다. 상대방이 화나 있을 때는 "정말 화가 많이 났구나"라고 감정을 그대로 반영해준다. 슬퍼할 때는 "많이 속상하겠다"라고 공감해준다. 이때 중요한 것은 상대방의 감정을 판단하거나 해결하려 하지 않고, 있는 그대로 인정하는 것이다. "화내지 마" 또는 "슬퍼하지 마"라고 하지 않고, "지금 그런 감정을 느끼고 있구나"라고 수용해주면 된다.

미러링은 특히 감정이 격해진 상황에서 효과적이다. 사람은 자신의 감정이 상대방에게 전달되고 이해받았다고 느끼면 마음이 진정된다. 미러링 할 때에는 상대방과 같은 수준의 에너지로 반응하는 것이 좋다. 상대방이 매우 화나 있는데 너무 차분하게 반응하면 '진심으로 이해받지 못한다'라고 느낄 수 있다. 반대로 상대방이 차분히 슬퍼하고 있는데, 너무 과격하게 반응하면 부담스러워할 수 있다.

요약 및 확인 기법: 정확하게 이해했는지 점검하기

복잡한 이야기나 감정적인 내용을 들은 후에는 내가 올바르게 이해했는지 확인하는 것이 중요하다. "내가 이해한 바로는 당신이 이런 상황에서 이런 감정을 느꼈다는 거죠?"라고 요약해서 확인한다. 또한, "제가 놓친 부분이 있다면 알려주세요"라고 추가로 묻는다. 이런 확인 과정을 통해 오해를 방지하고, 상대방은 자신이 제대로 이해받았다는 느낌을 받게 된다.

들은 내용을 요약할 때에는 상대방의 말을 그대로 반복하지 않고, 핵심을 정리해서 표현한다. 사실과 감정을 구분해서 요약한다. "사실적으로는 이런 일이 있었고, 감정적으로는 이렇게 느끼셨다는 거네요"라는 식으로 정리한다. 이렇게 하면 상대방도 자신의 상황을 더 객관적으로 볼 수 있게 된다.

타이밍 조절 기법: 적절한 대화 시점 찾기

같은 내용이라도 언제 말하느냐에 따라 효과가 완전히 달라진다. 상대방이 스트레스를 받고 있거나 피곤할 때는 중요한 이야기를 피하는 것이 좋다. "지금 피곤해 보이는데, 언제 대화하면 좋을까?"라고 물어 보고 대화의 타이밍을 조절한다. 상대방이 좋은 기분일 때 대화를 시작하면 더 열린 마음으로 들어줄 가능성이 높다.

긴급하지 않은 이야기는 상대방의 상태를 먼저 확인한 후에 꺼낸다. "이야기하고 싶은 게 있는데, 지금 괜찮을까?"라고 미리 양해를 구한다. 반대로 즉시 해결해야 할 문제라면 "긴급한 이야기가 있는데, 지금 잠깐 시간을 내줄 수 있을까?"라면서 사정을 설명한다. 이렇게 타이밍을 조절하면 대화의 효과를 훨씬 높일 수 있다.

메타 소통 기법: 소통 방식에 대한 소통

때로는 대화의 내용보다 대화하는 방식 자체에 대해 이야기를 나누어 보는 것이 좋다. "우리가 지금 대화하는 방식이 효과적인 것 같아?"라고 묻거나 "내가 말하는 방식이 당신에게 어떻게 들리는지 궁금해"라고 피드백을 요청한다. 그러면서 더 잘 소통할 수 있는 개선 방안을 함께 찾아나간다.

메타 소통 기법은 특히 소통 방식에 대한 불만이 있을 때 유용하다. "당신이 말할 때 내가 중간에 끼어드는 것 같아서 미안한데, 어떻게 하면 좋을까?"라고 솔직하게 이야기한다. "내가 감정적으로 말할 때 당신이 위축되는 것 같은데, 다른 방식을 시도해 볼까?"라고 제안할 수도 있다. 이렇게 소통 방식 자체를 주제로 대화하면 관계의 질을 개선할 수 있게 된다.

감정과 욕구 분리 기법: 근본 원인 파악하기

표면적인 감정 뒤에 숨어있는 진짜 욕구를 찾아내는 기법이다. '화가 난다'라는 감정 뒤에는 '존중받고 싶다', '이해받고 싶다', '안전해지고 싶다' 등의 욕구가 있을 수 있다. 상대방에게는 "지금 화가 나는 것 같은데, 진짜로는 무엇을 원하는 거야?"라고 물어본다. 자신에게도 '내가 지금 이런 감정을 느끼는 이유가 뭘까? 진짜 원하는 게 뭘까?'라고 묻는다.

서로의 욕구를 파악하면 훨씬 건설적인 대화가 가능하다. "나는 당신이 나를 무시한다고 느꼈어"라는 비난보다는 "나는 중요한 사람으로 대우받고 싶어"라는 욕구 표현이 더 효과적이다. 그 욕구를 이해했다면 "아, 당신이 그런 느낌을 받고 싶었군요. 내가 어떻게 하면 도움이 될까요?"라고 물으며 협력적으로 대응할 수 있다.

디지털 시대의 관계 관리: 온라인 소통의 특수성

현대인들의 관계는 대면 소통뿐만 아니라, 다양한 디지털 매체를 통해서도 이뤄진다. 메신저, 이메일, 소셜 미디어 등을 통한 소통에는 각각의 고유한 특성과 주의점이 있다.

비언어적 정보 부족의 문제

디지털 소통에서는 표정, 목소리 톤, 몸짓 등의 비언어적 정보가 부족하다. 이로 인해 같은 내용이라도 다르게 해석될 가능성이 높다. 때로는 "알겠습니다"라는 메시지가 승낙의 의미일 수도 있고, 불만의 표현일 수도 있다. 디지털 소통에서 이런 오해를 방지하려면, 평소보다 더 명확하고 구체적으로 표현해야 한다. "알겠습니다. 좋은 아이디어네요!"처럼 감정이나 의도를 추가로 표현한다.

이모티콘이나 이모지를 적절히 활용해서 감정을 전달하는 것도 도움이 된다. 다만 이모티콘을 해석하는 것도 사람마다 다를 수 있으므로 주의가 필요하다. 중요한 내용은 디지털 매체보다는 대면이나 통화를 통해 전달하는 것이 더 안전하다.

즉시성과 충동성의 함정

메신저의 즉시성은 편리하지만 때로는 충동적인 반응을 유발할 수 있다. 화가 난 상태에서 바로 메시지를 보내면 나중에 후회하게 될 말을 할 확률이 높다. 감정적인 메시지를 보내기 전에는 6초 재부팅 원칙을 적용한다. 메시지를 작성한 후 바로 보내지 않고 잠시 기다렸다가 다시 읽어본 후 보낸다. '이 메시지를 받는 상대방이 어떻게 느낄까?' 하고 생각해 본다.

특히 갈등 상황에서는 메신저보다는 직접 대화를 선택하는 것이 좋다. "이 이야기는 온라인으로 소통하기보다는 직접 만나서 하는 게 좋겠어"라고 제안한다. 복잡한 감정이나 중요한 결정이 담긴 내용은 디지털 매체의 한계를 인정하고 대면 소통을 우선시한다.

온라인 정체성과 오프라인 정체성의 차이

소셜 미디어에서 보이는 모습과 실제 모습 사이에는 차이가 있을 수 있는데, 예를 들어 사람들은 온라인에서 자신의 좋은 모습만 보여주려는 경향이 있다. 이로 인해 '다른 사람들은 다 행복해 보이는데, 나만 힘든 것 같다'는 착각에 빠질 수 있다. 온라인에서 보는 정보가 그 사람의 전부가 아니라는 점을 인식하는 것이 중요하다.

온라인에서의 상호작용과 오프라인에서의 관계를 구분해서 관리해야 한다. 온라인에서 소극적인 사람이 오프라인에서는 매우 적극적일 수 있고, 그 반대인 경우도 있다. 즉, 온라인에서의 행동만으로 상대방을 판단하지 않고, 다양한 측면을 고려해 판단한다.

디지털 디톡스와 관계의 깊이

과도한 디지털 소통은 관계의 깊이를 저해할 수 있다. 항상 연결되어 있다는 느낌이 오히려 진정한 친밀감을 방해하기도 하는 것이다. 때로는 의도적으로 디지털 기기를 내려놓고 대면 소통에 집중하는 시간이 필요하다. "오늘은 휴대폰 없이 대화해 보자", "한 시간 동안은 메신저를 확인하지 말고 집중해서 이야기하자"는 식으로 디지털 디톡스 시간을 가진다.

특히 가족이나 연인과의 사이에서는 "함께 있는 시간만큼은 서로에게 온전히 집중하자"는 약속을 하고 서로 지켜나간다. 이런 의도적인 노력이 관계에 깊이를 더해준다.

관계의 성장 단계별 전략:
발전하는 관계 관리법

모든 관계는 시간이 지나면서 변화하고 발전한다. 각 단계별로 필요한 관리 전략이 다르므로, 관계의 성장 단계를 이해하고 그에 알맞게 접근하는 것이 중요하다.

초기 단계: 호환성 탐색과 기초 구축

새로운 관계가 맺어지는 초기 단계에는 서로의 멘탈 OS를 파악하고 기본적인 호환성을 확인하는 것이 중요하다. 이 단계에서는 상대방의 소통 스타일, 가치관, 생활 패턴 등을 관찰하며 이해하려고 노력한다. 무리하게 깊은 관계를 맺으려 하지 않고, 자연스럽게 서로를 알아가는 시간을 갖는다. "당신은 어떤 방식으로 소통하는 걸 좋아해요?", "스트레스 받을 때는 어떻게 대처하는 편이에요?"와 같은 질문을 통해 상대방의 패턴을 파악한다.

초기 단계에서는 서로에게 너무 많은 기대를 하지 않는 것이 좋다. 상대방이 내 기대에 부응하기를 바라기보다는 상대의 있는 모습 그대로를 이해하려고 노력한다. 작은 갈등이나 차이점이 발견되더라도 "이 사람과는 안 맞는다"라고 성급히 판단하지 않고, 서로 조율할 여지가 있는지 확인해 본다. 이 단계에서 형성되는 소통 패턴이 향후 관계의 기반이 되므로, 건강한 소통 습관을 만들어가는 것이 중요하다.

성장 단계: 깊이 있는 연결과 갈등 해결

관계가 어느 정도 안정되면 더 깊은 수준의 연결을 시도하게 된다. 이 단계에서는 서로의 취약한 부분이나 상처도 공유하게 되고, 그 과정에서 갈등이 발생하기도 한다. 이는 자연스러운 성장 과정이므로 갈등 자체를 문제로 보지 않고, 어떻게 건설적으로 해결하느냐에 집중한다. "우리가 서로 다른 부분이 있다는 걸 알게 됐네. 어떻게 하면 이 차이를 조화롭게 이어나갈 수 있을까?"와 같이 접근한다.

성장 단계에서는 서로 영향을 주고받으면서 각자도 변화하게 된다. 상대방의 좋은 점을 배우기도 하고, 자신의 부족한 점을 발견하기도 한다. 그때 이런 변화를 긍정적으로 받아들이며 "당신 덕분에 요새 내가 이런 부분이 성장한 것 같아"라고 감사 표현을 하면 좋다.

동시에 자신의 변화에 대해 "요즘 내가 이렇게 변하고 있는 것 같은데, 당신은 어떻게 생각해?"라고 질문하고 피드백도 받아본다.

성숙 단계: 안정된 호환성과 지속적 개선

관계가 성숙해지면 서로의 패턴을 잘 이해하고 예측할 수 있게 된다. 이 단계에서는 안정감은 높아지지만, 자칫 매너리즘에 빠질 위험도 있다. 따라서 의도적으로 관계에 새로운 요소를 도입하고, 지속적으로 소통 방식을 개선해나가는 노력이 필요하다. '우리가 그동안 이런 방식으로 소통해왔는데, 더 좋은 방법은 없을까?'라고 스스로에게 묻는 것이 필요하다.

성숙한 관계에서는 서로의 성장을 지지하고 격려하는 것이 중요하다. 상대방이 새로운 도전을 하려고 할 때, '나와의 관계보다 도전을 더 중요하게 여기는 건 아닐까?' 하며 불안해하기보다 그 도전을 응원하고 지지해 준다. 동시에 관계 자체도 계속 발전시켜나간다. "우리 관계도 다음 단계로 발전시켜보자", "새로운 공통 목표를 만들어보자"와 같은 제안을 한다.

전환 단계: 역할 변화와 재정의

인생살이의 변화와 함께 관계에서의 역할도 바뀔 수 있다. 부모-

자녀 관계에서 자녀가 성인이 되거나, 직장에서 동료가 상사가 되거나, 친구가 연인이 되는 등의 전환점이 있다. 이런 전환 단계에서는 기존의 관계 패턴을 재검토하고, 새로운 역할에 맞는 관계를 재정의해야 한다. 그럴 때는 "우리 관계가 이렇게 달라졌는데, 어떤 방식으로 상호작용하면 좋을까?"라고 함께 논의한다.

전환 단계에서는 과거의 관계 패턴에 얽매이지 않는 것이 중요하다. '예전에는 이랬는데'라는 생각에서 벗어나서 '지금 상황에서는 어떻게 하는 게 좋을까?'를 중심으로 고민한다. 동시에 관계의 핵심 가치는 유지하면서 형태만 변화시키는 것이 좋다. 예를 들어, 부모-자녀 관계에서 부모의 역할이 '보호'에서 '지지'로 바뀌더라도 '사랑'이라는 핵심 가치는 변하지 않으면 된다.

관계 네트워크 최적화:
전체적인 관계 생태계 관리

우리는 수많은 관계를 맺고 있기에 개별 관계만 잘 관리하면 되는 게 아니라, 내 주변의 모든 관계가 서로 조화롭게 작동하도록 조율하는 것도 중요하다. 이를 위한 전체적인 관계 네트워크 최적화 전략을 알아보자.

관계의 우선순위와 에너지 배분

우리가 모든 관계에 동일한 시간과 에너지를 투입할 수는 없다. 관계의 중요도와 현재 상황에 따라 우선순위를 정하고 에너지를 효율적으로 배분해야 한다. 가족, 연인, 친한 친구 등 핵심 관계에는 더 많은 시간과 관심을 투입하고, 덜 중요한 관계는 적정하게 관리하면 된다. 하지만 이것이 다른 관계를 소홀히 해도 된다는 뜻은 아니다. 각 관계의 특성에 맞는 적절한 수준의 관심과 배려를 유지하도록 한다.

관계의 우선순위는 고정된 것이 아니라 상황에 따라 변할 수 있다. 평상시에는 가족이 최우선이지만, 친구가 큰 위기에 처했을 때는 일시적으로 친구에게 더 많은 에너지를 투입할 수 있다. 이런 변화가 있을 때는 다른 관계의 사람들에게 상황을 설명하고 이해를 구하면 된다. "요즘 친구가 힘든 일이 있어서 조금 더 신경 써주고 있어. 이해해 줘서 고마워"라는 식으로 양해를 구하며 소통한다.

관계 간 갈등 조정

때로는 서로 다른 관계의 사람들 사이에 갈등이 생길 수 있다. 예를 들어, 배우자와 친구가 서로를 좋지 않게 생각한다거나, 직장 동료들 사이에 내가 끼어있는 갈등이 있을 수 있다. 이런 상황에서는 중재자 역할을 해야 할 때도 있지만, 무리하게 개입하지 않는 것이 좋다. 각자의 입장을 이해하고 존중하되, 내가 모든 것을 해결할 수 있다고 여기지 않는다.

관계 간 갈등 상황에서는 중립성을 유지하는 것이 중요하다. 한쪽 편을 들기보다 양쪽의 입장을 모두 이해하려고 노력한다. 그러면서 '나는 두 사람 모두 소중해. 서로 관점이 다르다는 것도 이해해'라는 자세를 유지한다. 만약 중재가 필요한 상황이라면, 내 의견을 강요하지 않고 대화의 장을 마련해주는 역할에 머무른다.

관계 속 에너지 순환

좋은 관계들은 서로에게 긍정적인 영향을 미친다. 한 관계에서 받은 좋은 에너지를 다른 관계에도 전달하고, 이것이 순환하면서 전체적인 관계 네트워크가 건강해진다. 가족에게 받은 사랑을 친구들에게도 나누고, 친구들에게 받은 즐거움을 가족과도 공유한다. "오늘 친구에게 좋은 이야기를 들었는데 당신과도 나누고 싶어"라는 식으로 긍정적인 경험을 공유한다.

반면 한 관계에서 받은 스트레스나 부정적 감정이 다른 관계로 번지지 않게 주의해야 한다. 직장에서 받은 스트레스를 가족에게 푸는 것은 바이러스 전염과 같다. 이를 방지하기 위해 관계 간 방화벽을 설치하고, 필요하다면 감정 정리 시간을 갖는다. 가족에게 "오늘 직장에서 좀 힘든 일이 있었는데, 집에서는 그 에너지를 차분히 정리하고 싶어"라고 설명한 다음 그러한 시간을 가지면 좋다.

관계 네트워크의 다양성 확보

건강한 관계 네트워크는 다양한 유형의 관계로 구성된다. 가족 관계만 있거나 직장 관계만 있으면, 특정 영역에서 문제가 생겼을 때 대안이 없다. 가족, 친구, 직장 동료, 취미 활동 동료, 멘토, 멘티 등 다양한 관계를 골고루 유지하는 것이 좋다. 각 관계에서 얻는 것과 주는 것이 다르기에 다양성을 확보해야 전체적으로 균형 잡힌 관계 포트폴리오를 만들 수 있다.

하지만 다양한 관계를 유지하되 관리 가능한 수준에서 해야 한다. 너무 많은 관계를 동시에 관리하려고 하면, 오히려 모든 관계가 피상적이 될 수 있다. 자신의 성격과 에너지 수준을 고려해서 적정한 관계의 수를 유지하도록 한다. 내향적인 사람은 소수의 깊은 관계를, 외향적인 사람은 다수의 다양한 관계를 선호할 수 있다. 자신에게 맞는 관계 패턴을 찾아가는 것이 중요하다.

6장을 마치며:
혼자서 완벽할 필요는 없다

축하한다. 당신은 방금 관계 앱의 호환성 문제를 해결하는 체계적인 방법을 익혔다. 두 OS가 만날 때 발생하는 호환성 오류의 메커니즘을 이해했고, 상호보완적 패턴이 만드는 악순환의 함정을 파악했으며, '드라마 삼각형'이라는 관계 앱의 악성 프로그램을 진단할 수 있게 되었다. 무엇보다 상대방의 부정적 영향을 차단하는 방화벽을 설치하고, 안전한 대화 4단계 스크립트로 서로 다른 멘탈 OS 간에 원활하게 소통하는 방법을 터득했다.

더불어 관계별 특수 상황에 대한 맞춤형 솔루션을 학습했고, 갈등 예방 시스템과 회복탄력성 강화 전략도 익혔다. 다양한 소통 도구와 기법들을 통해 실제 상황에서 활용할 수 있는 구체적인 방법들도 알게 되었고, 디지털 시대의 관계 관리법과 관계의 성장 단계별 전략도 배웠다. 마지막으로 전체적인 관계 네트워크를 최적화하는 방법까지 이해하게 되었다.

여기서 가장 중요한 깨달음은 '혼자서 완벽할 필요가 없다'는 것이다. 아무리 내 멘탈 OS를 완벽하게 업데이트해도, 관계는 언제나 두 명 이상의 사람이 함께 만들어가는 것이다. 상대방도 나와 다른 OS를 가지고 있고, 그들만의 패턴과 상처, 성장 과정이 있다. 내가 변화했다고 해서 상대방도 즉시 변하기를 기대하는 것은 새로운 형태의 통제 욕구일 수 있다.

대신 우리가 할 수 있는 것은 관계에서 더 나은 '호환성'을 만들어가는 것이다. 내 OS를 계속 업데이트하면서도 상대방의 패턴을 이해하고 존중하며, 함께 소통할 수 있는 공통의 프로토콜을 만들어가면 된다. 이 과정에서 때로는 좌절할 수도 있고, 예전 패턴으로 돌아갈 수도 있다. 하지만 그것도 자연스러운 과정이다. 관계는 완벽한 기계가 아니라 살아있는 유기체와 같아서 계속 변화하고 성장해나간다.

6장에서 배운 도구들은 관계에서 발생하는 다양한 호환성 문제를 해결하는 데 도움이 될 것이다. 하지만 가장 중요한 것은 이런 기술보다는 상대방에 대한 진정한 관심과 이해, 함께 성장해나가려는 의지이다. 기술은 도구일 뿐이고, 관계의 본질은 여전히 사랑과 연결성이다.

    이제 다음 단계가 기다리고 있다. 개인의 구 버전 OS를 정리하고 관계의 호환성 문제를 해결했다면, 이제는 완전히 새로운 수호천사 OS를 설계하고 설치할 시간이다. 7장에서는 지금까지의 모든 노력이 결실을 맺는 놀라운 변화를 경험하게 될 것이다. 우리는 구 버전 OS를 제거하는 것에 그치지 않고, 나만의 맞춤형 수호천사 OS를 설치하여 평생 자동으로 자신을 격려하고 지지하는 시스템을 완성하게 된다.

CHECK LIST

- ✓ 관계별 호환성 문제 인식하기 완료

- ✓ 드라마 삼각형 패턴 파악하기 완료

- ✓ 바이러스 전염 차단 방화벽 설치하기 완료

- ✓ 안전한 대화 4단계 스크립트 학습하기 완료

- ✓ 주요 관계의 네트워크 연결 진단하기 완료

4단계: 패턴 리디자인

— 수호천사 OS 최신 버전 설치하기

7장

수호천사 OS
최신 버전 업데이트

자기 돌봄 최적화 시스템 설치

7장을 쓰면서도 필자는 여전히 배우고 있다. 완벽한 수호천사 OS를 설치한 전문가가 아니라, 당신과 함께 더 나은 버전의 자신을 만들어가는 동료 같은 존재로서 말이다. 그래서 이 장에서 제안하는 것들도 '정답'이 아니라 '함께 실험해 볼 만한 아이디어들'이라고 생각해주면 좋겠다.

지금까지 우리는 1단계에서 현재 돌아가고 있는 구 버전 OS들을 발견했다. 완벽주의 OS, 피해의식 OS, 회피 OS, 통제 OS, 비교 OS라는 다섯 가지 자동조종장치가 우리 삶의 95%를 지배하고 있다는 충격적인 사실을 확인했다. 2단계에서는 CSI 과학수사팀처럼 이 구 버전 OS들의 기원을 추적했다. 일곱 살짜리 내면 아이가 45세 어른의 인생을 좌우지하는 메커니즘을 이해하고, 원초적 자라 경험에서 현재의 솥뚜껑 반응까지의 연결고리를 발견했다. 무엇보다 우리는 이 모든 패턴이 어린 시절 우리를 보호하려던 선한 의도에서 만들어졌다는 것을 깨달으며, 자기 비난에서 자기 이해로 나아가게 되었다. 3단계에서는 6초의 마법을 통해 자동 실행을 멈추는 기술을 익혔다. 감정뇌에서 이성뇌로 시스템을 전환하는 방법과 백그라운드에서 오작동하는 프로그램들을 정리하는 기술도 배웠다.

이제 마지막 4단계, 가장 중요한 단계가 남았다. 앞으로 우리는 구 버전 OS를 제거하는 것에 그치지 않고, 현재의 나에게 최적화된 완전히 새로운 시스템을 설치할 것이다. 이것이 바로 '수호천사 OS 최신 버전'이다.

내 마음에 사는 두 가지 존재의 발견

먼저 놀라운 사실 하나를 알려드리겠다. 지금 이 순간 당신의 마음속에는 두 가지 서로 다른 존재가 살고 있다. 하나는 지금까지 우리를 괴롭혀온 '독설가'이고, 다른 하나는 우리가 미처 알아보지 못했던 '수호천사'이다. 독설가는 앞서 살펴본 구 버전 OS들의 목소리다. 그는 "또 실패할 거야", "너는 안 돼", "완벽하지 않으면 안 돼", "포기해", "어차피 소용없어"와 같은 말들을 끊임없이 속삭인다. 이 독설가의 정체를 이제 우리는 안다. 어린 시절 상처받지 않으려고, 사랑받으려고, 안전하려고 만든 보호 프로그램이었다는 것을.

하지만 수호천사는 다르다. 수호천사는 항상 우리 편이다. 그는 "괜찮아, 실수는 성장의 기회야", "지금도 충분히 잘하고 있어", "천천히 해도 돼", "너는 소중한 존재야", "너는 할 수 있어"와 같은 따뜻한 격려의 말들을 건넨다. 놀라운 것은 이 수호천사가 원래부터 우리 안에 있었다는 사실이다. 다만 독설가의 목소리가 너무 커서 들리지 않았을 뿐이다.

뇌과학적으로 보면 독설가는 주로 편도체에 연결된 불안과 공포 시스템에서 나오는 목소리이고, 수호천사는 전전두엽의 자기 돌봄과 연민 시스템에서 나오는 목소리다. 두 시스템 모두 우리를 보호하려는 목적을 띠고 있지만, 그 작동 방식이 완전히 다르다. 독설가는 위험을 경고하고 문제를 지적함으로써, 수호천사는 격려하고 지지함으로써 우리를 보호하려고 한다.

문제는 현대인들 대부분이 독설가의 목소리에만 익숙해져 있다는 것이다. 어린 시절부터 비판적인 목소리에 더 많이 노출되었기 때문이다. 하지만 이제 우리는 의식적으로 수호천사의 목소리를 키우고 독설가의 목소리를 줄여나갈 수 있다.

파트 1:
독설가의 정체 발견하기

독설가가 어떻게 우리 마음에 자리 잡게 되었는지 그 기원을 좀 더 자세히 들여다보자. 대부분의 독설가는 세대를 거쳐 전수된 상처의 사슬에서 시작된다. 우리 부모님 세대는 전쟁과 가난을 겪으며 생존이 최우선되던 시대를 살았다. 그 시대에는 "더 열심히 해야 살아남는다", "완벽하지 않으면 도태된다", "감정은 사치다, 현실을 직시하라"와 같은 메시지가 생존을 위한 필수 공식이었다. 이런 메시지들이 우리 부모님의 마음에 독설가 OS로 설치되었고, 그것이 다시 우리에게 전달된 것이다.

부모님들은 나름의 선한 의도로 우리를 키우려 했다. '세상은 힘든 곳이니까 미리 준비시켜야 해', '완벽하게 해야 인정받을 수 있어', '실수하면 큰일 나니까 미리 경고해야 해'와 같은 생각으로 말이다.

하지만 전달 방식에 문제가 있었다. 그 걱정하고 사랑하는 마음을 "왜 이것도 못 하니?", "다른 애들은 다 하는데 너만 못 해", "이렇게 하면 안 돼"와 같은 비판적인 언어로 표현했던 것이다.

여기서 중요한 깨달음이 필요하다. 우리 부모님 역시 상처받은 아이였다는 점이다. 우리를 힘들게 했던 그 독설가의 목소리가 사실은 우리 부모님이 어린 시절에 들었던 목소리와 같을 확률이 높다. 우리 할머니, 할아버지 세대는 더욱 힘난한 시대를 살았고, 그분들 나름대로는 자녀를 보호하려는 마음에 엄격하게 키웠을 것이다. 이런 패턴이 세대를 거쳐 이어져 왔다. 이를 이해하는 순간, 부모님에 대한 원망이 연민으로 바뀌는 놀라운 치유가 일어난다. '아, 우리 부모님도 그때는 최선을 다하셨구나. 그분들도 사랑하는 방법을 제대로 배우지 못한 상처받은 아이들이었구나'라고 이해하게 된다.

하지만 이해가 곧 합리화를 의미하지는 않는다. 상처가 이해된다고 해서 그 상처가 옳다는 뜻은 아니다. 오히려 그 이해를 통해 우리는 '상처의 대물림'을 멈출 기회를 얻게 된다. 우리 세대에서 이 패턴을 끝내고, 다음 세대에게는 건강한 사랑을 전달할 수 있게 되는 것이다. 이것이 바로 수호천사 OS의 가장 중요한 목적 중 하나다. 내가 받았던 상처를 내 아이에게 대물림하지 않고 진정한 사랑과 격려를 전달하는 것 말이다.

독설가의 또 다른 특징은 '조건부 사랑'을 기반으로 한다는 점이다. "네가 잘해야 사랑해 줄게", "완벽히 하면 인정해 줄게", "실수하지 않으면 칭찬할게"와 같은 메시지들이다. 이런 조건부 사랑 속에서 자란 아이는 자신의 존재 자체보다는 성과나 행동에 따라 자신의 가치를 판단하게 된다.

그래서 성인이 되어서도 끊임없이 인정받으려 하고, 실수를 극도로 두려워하며, 자신을 있는 그대로 받아들이지 못한다. 이것이 바로 독설가가 만들어내는 가장 큰 문제다. 존재 자체의 소중함을 잊게 만드는 것이다.

파트 2:
내면의 독설가들을 수호천사로 전환하기

이제 구체적으로 다섯 가지 구 버전 OS의 독설가들을 수호천사로 전환하는 방법을 알아보자. 각각의 독설가는 저마다 고유한 특성이 있으므로, 각각에 알맞은 수호천사 OS가 필요하다.

완벽주의 독설가에서 충분함의 수호천사로

완벽주의 독설가는 '아직 부족해', '더 완벽하게 해야 해', '실수하면 안 돼'라고 끊임없이 압박한다. 이 독설가의 선한 의도는 훌륭한 결과를 만들어내려는 것이다. 하지만 현재 상황에서는 오히려 도전을 막고 성장을 저해하는 역효과를 낳고 있다. '충분함의 수호천사'는 '지금도 충분히 잘하고 있어', '실수는 성장의 기회야', '완벽하지 않아도 가치가 있어', '과정이 결과보다 중요해'라고 말한다. 이 수호천사는 완벽주의 독설가의 선한 의도는 인정하면서도 더 건강한 방식으로 그 목적을 달성하도록 돕는다. 바로 실수를 통해 배우고, 과정을 즐기며, 점진적으로 발전해나가는 방식이다.

충분함의 수호천사를 활성화하는 구체적인 방법이 있다. 매일 저녁 오늘 내가 잘한 일 세 가지를 기록하는 것이다. 작은 것이라도 상관없다. '회의에서 좋은 아이디어를 냈다', '동료에게 친절하게 대했다', '운동을 10분 했다'와 같은 것들도 충분하다. 이렇게 자신의 충분함을 매일 확인하는 습관을 만들면, 뇌에서 자기 인정 신경 회로가 강화된다.

실수했을 때 '이번 실수로 내가 배운 것은 무엇일까?'라고 질문하는 습관도 도움이 된다. 실수를 성장의 기회로 리프레이밍 하는 것이다. 하지만 여기서 중요한 것은 수호천사와의 대화가 처음부터 완벽할 필요는 없다는 점이다. 처음에는 어색하고, 가짜 같으며, 효과도 잘 느껴지지 않을 수 있다. 그것도 당연하다. 수 십 년간 독설가의 목소리에만 익숙했는데, 하루아침에 바뀔 리 없다. 중요한 것은 완벽한 수호천사가 되는 것이 아니라, '아, 내가 또 독설가 모드네. 수호천사는 뭐라고 할까?' 하고 잠깐이라도 멈춰보는 것이다. 혹시 이런 경험이 있는가? 수호천사와 대화하다가 이게 정말 효과가 있나 싶어 포기하고 싶어졌던 적 말이다. 필자 역시 그랬다. 특히 정말 힘든 일이 생겼을 때는 지금 이런 상황에서 긍정적으로 생각하라는 게 오히려 화가 나기도 했다.

피해의식 독설가에서 주체성의 수호천사로

피해의식 독설가는 '나는 늘 당하는 사람이야', '세상은 불공평해', '나만 늘 손해 봐'라고 속삭인다. 이 독설가의 선한 의도는 우리를 부당한 대우에서 보호하려는 것이었다. 하지만 모든 상황을 피해의 관점에서 해석하게 만들어 진정한 해결책을 찾지 못하게 한다.

주체성의 수호천사는 '나는 선택할 수 있어', '상황을 바꿀 힘이 내게 있어', '나는 내 인생의 주인공이야', '어떤 어려움도 성장의 기회로 만들 수 있어'라고 말한다. 이 수호천사는 같은 상황이라도 완전히 다른 관점에서 바라보게 한다. 피해자에서 주체자로, 수동에서 능동으로 전환하게 하는 것이다.

주체성의 수호천사를 키우려면 '내가 할 수 있는 것'에 집중하는 연습이 필요하다. 문제 상황이 생겼을 때 '왜 나만 이런 일이 생기지?'라고 생각하는 대신, '이 상황에서 내가 할 수 있는 최선은 무엇일까?'라고 질문을 바꾸어본다.

매일 작은 선택이라도 의식적으로 연습해 보자. '오늘 점심 메뉴를 내가 정했다', '일찍 자기로 결정했다', '운동을 하기로 선택했다' 같은 작은 주체적 행동들이 누적되면 큰 변화가 일어난다.

회피 독설가에서 용기의 수호천사로

회피 독설가는 '피하는 게 최선이야', '괜히 나서지 마', '조용히 있으면 안전해'라고 속삭인다. 이 독설가의 선한 의도는 갈등과 상처로부터 우리를 보호하려는 것이었다. 하지만 회피가 습관이 되면, 정작 성장의 기회를 놓치고 문제가 눈덩이처럼 커지게 된다. 용기의 수호천사는 '한 번에 하나씩 해보자', '작은 용기도 용기야', '실패해도 배우는 게 있어', '나는 어려움을 극복할 수 있어'라고 격려한다. 이 수호천사는 무모한 도전을 부추기는 것이 아니라, 안전한 범위에서 한 걸음씩 나아갈 수 있게 돕는다.

용기의 수호천사를 활성화하려면 '2분 법칙'을 활용해 보자. 회피하고 싶은 일이 있을 때, '딱 2분만 해보자'라고 자신에게 제안하는 것이다. 2분은 너무 짧아서 부담스럽지 않기에 일단 시작하면 의외로 계속할 수 있게 된다. 더불어 '미래의 나에게 편지 쓰기'도 도움이 된다. '일 년 후의 나야, 오늘 이 일을 회피하지 않고 도전해서 정말 뿌듯해. 그때는 무서웠지만 지금 돌아보니 별거 아니었어'라는 식으로 미래의 관점에서 현재를 바라보는 것이다.

통제 독설가에서 수용의 수호천사로

통제 독설가는 '모든 걸 내가 관리해야 해', '계획대로 되지 않으면 안 돼', '다른 사람을 믿으면 안 돼'라고 압박한다. 이 독설가의 선한 의도는 불확실성에서 우리를 보호하려는 것이었다. 하지만 모든 것을 통제하려다 보면 오히려 스트레스가 늘고 관계가 악화한다. 수용의 수호천사는 다르게 말한다. '불확실성도 삶의 일부야', '다른 사람에게 맡겨도 괜찮아', '완벽한 계획보다 유연한 대응이 중요해', '내가 할 일과 할 수 없는 일을 구분하자'. 이 수호천사는 통제 독설가의 안전 욕구는 인정하면서도, 더 효과적인 방식으로 그 욕구를 충족시켜준다.

수용의 수호천사를 키우려면 '세렌디피티Serendipity'를 경험해보는 것이 좋다. 세렌디피티는 '뜻밖의 우연한 발견' 또는 '예상치 못한 행운한 발견'을 의미하는 말이다. 가끔은 계획 없이 산책을 나가거나, 평소와 다른 길로 출근하거나 처음 가보는 식당에서 메뉴를 랜덤으로 주문해보는 것이다. 이런 작은 불확실성에 익숙해지면 나중에는 큰 불확실성도 견딜 수 있게 된다. 더불어 '위임 연습'을 하는 것도 중요하다. 작은 일부터 다른 사람에게 맡겨보고, 그들의 방식을 인정하며, 완벽하지 않아도 격려하는 연습을 하는 것이다.

비교 독설가에서 고유성의 수호천사로

비교 독설가는 '다른 사람들은 다 잘 사는데', '나만 뒤처지는 것 같아', '저 사람과 비교하면 나는 부족해'라고 속삭인다. 이 독설가의 선한 의도는 더 나은 사람이 되도록 동기를 부여하려는 것이었다. 하지만 끊임없는 비교는 자신의 고유한 가치를 보지 못하게 한다. 고유성의 수호천사는 '나는 유일무이한 존재야', '내 속도대로 가면 돼', '다른 사람의 성공이 내 실패를 의미하지 않아', '나만의 길이 있어'라고 말한다. 이 수호천사는 비교의 에너지를 자기 성장의 동력으로 전환해준다.

고유성의 수호천사를 활성화하려면, '나만의 성취 일기'를 써보자. 다른 사람과 비교하지 않고 순전히 나 자신의 성장만을 기록하는 것이다. '작년의 나와 비교했을 때 올해는 이런 점이 좋아졌다', '예전에는 못했던 어떤 일을 할 수 있게 되었다'와 같은 식으로 말이다. SNS를 볼 때도 '타인의 가장 빛나는 일상과 내 일상을 비교하지 말자'는 수호천사의 목소리를 떠올리는 연습을 해보자.

파트 3:
우주의 부모님 되기

수호천사 OS의 핵심은 '내가 나의 완벽한 부모님 되기'이다. 어린 시절 우리가 받고 싶었던 그 무조건적인 사랑과 지지를 이제 내가 나에게 주는 것이다. 이를 '우주의 부모님 되기'라고 부르겠다. 우주의 부모님이란 완벽한 사랑과 지혜를 가진 이상적인 부모의 모습이다. 믿는 종교가 있다 자애롭고 사랑이 넘치는 신이 나에게 해줄 말과 행동을 떠올려보는 것도 좋다. 이런 부모는 아이의 실수를 따뜻하게 받아주고, 아이의 성장을 인내심을 가지고 지켜보며, 아이가 넘어져도 "괜찮아, 다시 일어나면 돼" 하고 격려해 준다. 아이를 다른 아이와 비교하지 않고 있는 그대로 사랑해 준다. 아이가 두려워할 때는 "내가 여기 있으니까 안전해"라고 안심시켜주고, 아이가 도전할 때는 "할 수 있어, 너를 믿어"라고 응원해 준다.

이제 당신이 바로 그런 온 우주에서 가장 자애로운 부모님이 되어 보자. 완벽주의 독설가가 '또 실수했구나. 넌 정말 안 돼!'라고 비판할 때, 충분함의 수호천사는 '괜찮아, 실수는 누구나 해. 이번 실수로 뭘 배웠는지가 중요하지. 다음에는 더 잘할 수 있을 거야!'라고 다정하게 말해준다. 또는 피해의식 독설가가 '또 나만 손해 봤어'라고 불평할 때, 주체성의 수호천사는 '이런 상황에서도 내가 할 수 있는 일이 있을 거야. 나한테 상황을 바꿀 힘이 있어'라고 기운을 북돋아 준다. 이렇게 내 안의 상처받은 어린아이를 온 우주에서 가장 자애로운 부모님이 돌봐주는 것이다.

성인이 되면 내가 나의 부모님이 되어서 내가 나를 돌봐주어야 한다. 온 우주에서 가장 자애로운 부모님 되기 연습을 해보자. 힘든 일이 생겼을 때 '지금 어린 시절의 나라면 어떤 말을 듣고 싶었을까?'라고 자문해 보는 것이다. 그리고 그 말을 지금의 나에게 해주자. '많이 힘들었지? 하지만 정말 잘 견뎠어! 넌 충분히 소중한 사람이야. 이런 일이 있어도 너의 가치는 변하지 않아. 내가 항상 네 편이야'라는 식으로 말이다. 이런 대화가 처음에는 어색할 수 있지만, 계속 연습하면 자연스러워진다.

놀랍게도 이렇게 자기 자신을 돌보는 능력이 생기면, 다른 사람도 더 잘 돌볼 수 있게 된다. 여러분의 수호천사는 어떤 목소리를 가지고 있는가? 따뜻한 할머니의 목소리일까? 아니면 다정한 친구 목소리일까? 정답은 없다. 각자에게 가장 위로가 되는 목소리를 찾아가는 것이 중요하다.

수호천사 대화법 실습

구체적인 수호천사 대화법을 익혀보자. 독설가의 비판적인 목소리가 들릴 때마다 수호천사의 목소리로 대답하는 연습이다. 예를 들어, 발표를 망쳤을 때 완벽주의 독설가가 '정말 바보 같아. 왜 그렇게 떨었지? 사람들이 다 나를 무시할 거야'라고 공격한다면, 충분함의 수호천사는 '발표하는 것 자체가 용기 있는 일이었어. 떨리는 건 당연해! 그만큼 중요하게 생각했다는 뜻이니까. 사람들은 생각보다 나에게 관심이 없어. 설령 실수한 걸 봤더라도 그것 때문에 나를 판단하진 않을 거야. 다음번에는 좀 더 준비해서 잘해보자. 괜찮아, 충분히 잘했어!'라고 말한다.

사실 이 글을 쓰고 있는 필자 역시 지금도 완벽한 수호천사를 가진 건 아니다. 어제도 아이에게 화를 낸 후 '아, 또 독설가 모드였네'

하며 스스로를 비난하기도 한다. 하지만 예전과 다른 점이 있다면, 이제는 그런 순간을 빨리 알아차리고 '괜찮아, 완벽한 부모는 없어. 다음에는 더 잘하면 돼'라고 스스로를 위로할 수 있게 되었다는 점이다. 이런 대화를 계속 연습하다 보면 뇌에서 새로운 신경 회로가 만들어진다. 자기 비판 회로 대신 자기 돌봄 회로가 활성화되는 것이다. 신경과학 연구에 따르면, 자기 연민Self-Compassion을 실천하는 사람들은 스트레스 호르몬 수치가 낮아지고, 면역력이 강화되며, 우울감이 줄어든다고 한다. 또한, 자기 연민이 높은 사람들이 더 높은 동기와 성취를 보인다는 연구 결과도 있다. 이는 자기 자신을 따뜻하게 대하는 것이 나약해서가 아니라, 진정 강하기 때문이라는 증거다.

세대적 상처의 사슬을 끊는 치유

수호천사 OS의 가장 중요한 역할 중 하나는 세대적 상처의 사슬을 끊는 것이다. 우리가 부모님에게 받은 상처를 우리 아이들에게 대물림하지 않고 건강한 사랑을 전달하는 식이다. 이는 개인적인 치유를 넘어서 세대적 치유의 의미를 갖는다. 내가 나에게 우주의 부모님이 되어주는 경험을 통해 나는 진정한 사랑이 무엇인지 배우게 된다. 그리고 그 사랑을 내 아이에게, 내 주변 사람들에게 전할 수 있게 된다.

예를 들어, 내가 어린 시절에 "넌 왜 이것도 못 하니?"라는 말을 자주 들었다면, 나는 내 아이에게 "괜찮아, 처음엔 다 어려워. 천천히 해보자. 실수해도 돼"라고 말할 수 있다. 또 내가 비교당하며 자랐다면, 나는 내 아이에게 "너는 너만의 특별함이 있어. 다른 사람과 비교할 필요 없어"라고 말할 수 있다. 이렇게 상처의 대물림이 사랑의 대물림으로 바뀌는 순간, 세대를 거쳐 이어진 고통의 사슬이 끊어지고 새로운 사랑의 사슬이 시작된다.

하지만 여기서 중요한 것은 부모님을 탓하거나 비난하는 것이 아니라는 점이다. 앞서 말했듯이 부모님도 상처받은 아이들이었다. 그분들 나름대로는 온 힘을 다해 우리를 키우셨다. 다만 그 방법이 완벽하지 않았을 뿐이었다. 부모가 되어보니 나는 늘 나름대로 애쓰는데 아이들을 불평불만을 한다. 우리의 목표는 부모님을 비난하는 것이 아니라, 더 나은 삶의 방식을 찾는 것이다. 그리고 그 더 나은 방식을 우리 세대부터 실천해 보자. 이것이 바로 진정한 치유다. 원망에서 이해로, 이해에서 용서로, 용서에서 새로운 시작으로 나아가는 것이다.

수호천사 OS의 작동 원리

수호천사 OS는 구 버전 OS와 완전히 다른 방식으로 작동한다. 구 버전 OS가 '위험 감지 ⇨ 경계 ⇨ 방어 ⇨ 회피'의 패턴으로 움직인다면, 수호천사 OS는 '상황 인식 ⇨ 수용 ⇨ 지지 ⇨ 성장'의 패턴으로 움직인다. 같은 상황이라도 완전히 다른 반응을 만들어내는 것이다.

예를 들어, 직장에서 상사가 비판적인 피드백을 줬을 때 구 버전 OS는 '나를 공격하는구나 ⇨ 위험해 ⇨ 방어해야 해 ⇨ 피하거나 반박하자'로 반응한다. 하지만 수호천사 OS는 '피드백을 주고 있구나 ⇨ 개선점을 찾으려는 의도일 수도 있어 ⇨ 배울 점이 있는지 살펴보자 ⇨ 성장의 기회로 활용하자'로 반응한다. 다만 수호천사 OS도 만능은 아니다. 극도로 스트레스가 심한 상황, 깊은 트라우마가 촉발된 상황, 실제로 위험한 상황에서는 여전히 구 버전 OS가 작동할 수 있다. 이는 자연스러운 일이며, 이럴 때는 자신을 비난하지 말고 '지금은 생존 모드구나. 안전해지면 다시 수호천사 모드로 돌아가자' 라고 이해하는 것이 좋다.

이런 차이가 생기는 이유는 수호천사 OS에 '자기 돌봄Self-Compassion' 기능이 내장돼 있기 때문이다. 자기 돌봄은 세 가지 요소로 구성된다.

첫째는 '자기 친절Self-Kindness'이다. 이는 자신에게 친구에게 하듯이 친절히 대하는 것이다. 이를테면 실수했을 때 자신을 비난하는 대신 '괜찮아, 실수는 누구나 해. 다음번에는 더 잘할 수 있을 거야'라고 위로하는 식이다.

둘째는 '함께하는 인간다움Common Humanity'이다. 고통이나 실패가 나만의 문제가 아니라, 모든 인간이 겪는 보편적 경험임을 인식하는 것이다. 힘든 일을 겪을 때 '나만 이런 일을 겪는 게 아니구나. 다른 사람들도 비슷한 어려움을 겪었을 거야'라고 생각해보자.

셋째는 '마음챙김Mindfulness'이다. 이는 현재 일어나는 감정이나 생각을 있는 그대로 관찰하는 것이다. 화가 났을 때는 감정에 휩쓸리거나 억눌리지 말고 그냥 '아, 내가 지금 화가 났구나'라고 객관적으로 인식해본다.

수호천사 OS의 또 다른 특징은 '성장 마인드셋Growth Mindset'이 기본으로 설정돼 있다는 점이다. 구 버전 OS는 '고정 마인드셋Fixed Mindset'

으로 작동한다. 이를테면 '나는 원래 이런 사람이야', '바뀔 수 없어', '실패하면 끝이야'와 같은 생각 말이다. 하지만 수호천사 OS는 모든 것을 성장의 관점에서 바라본다. '아직 이걸 잘하지 못할 뿐이야', '연습하면 늘 수 있어', '실패는 배움의 기회야' 등이 그런 생각의 예다. 이 작은 관점의 차이가 인생에 엄청난 변화를 만든다.

자동 업데이트 시스템의 구축

수호천사 OS의 가장 놀라운 기능은 '자동 업데이트' 시스템이다. 이 시스템은 한 번 설치하면 평생에 걸쳐 스스로 발전하고 개선된다. 이는 수호천사 OS에 메타인지Meta-Cognition 기능이 내장돼 있기 때문이다. 메타인지란 자신의 생각에 대해 생각하는 능력, 즉 자신을 객관적으로 관찰하고 성찰하는 능력이다. 수호천사 OS는 지속적으로 자신의 상태를 점검하고, '지금 내가 어떤 패턴으로 반응하고 있는지', '이 반응이 현재 상황에 적절한지', '더 나은 반응은 없는지' 등을 자동으로 묻는다. 그런다음 더 나은 방법을 발견하면 스스로 업데이트한다.

예를 들어, 처음에는 비판을 받으면 여전히 방어적으로 반응할 수 있다. 하지만 수호천사 OS의 메타인지 기능이 작동하면서 '아, 내가 지금 방어적으로 반응하고 있구나. 이 사람이 나를 공격하려는 게 아니라 도움을 주려는 걸 수도 있겠네. 좀 더 열린 마음으로 들어보자'라는 깨달음이 생긴다. 이런 깨달음이 반복되면 점차 더 성숙하고 지혜로운 반응을 할 수 있게 된다. 이것이 바로 자동 업데이트의 원리다.

수호천사 OS의 자동 업데이트 시스템을 활성화하려면, 정기적인 '멘탈디자인 리뷰'가 필요하다. 일주일에 한 번 정도 자신의 반응 패턴을 돌아보는 시간을 갖는 것이다. '이번 주에 나는 어떤 상황에서 어떻게 반응했는가?', '그 반응이 원하는 결과를 가져왔는가?', '다음번에는 어떻게 반응하면 좋을까?'와 같은 질문을 통해 스스로를 점검해본다. 이런 성찰을 통해 수호천사 OS는 계속해서 발전할 수 있다.

수호천사 대화 실행 가이드

수호천사 OS를 실제로 작동시키려면 구체적인 실행 방법을 알아야 한다. 막연하게 '긍정적으로 생각하자'가 아니라 수호천사와의 대화를 언제, 어떻게, 몇 번 정도 해야 하는지에 대한 명확한 가이드가 있어야 한다.

소리내기 vs. 마음속 대화

처음에는 실제로 소리 내서 연습하는 것이 효과적이다. 혼자 있을 때 거울을 보고 말하거나 산책하면서 중얼거려보자. 우리가 소리를 내면 뇌에서 청각 정보와 함께 처리되어 더 강한 인상을 남긴다. 어느 정도 익숙해지면 마음속으로도 충분히 가능하다. 사람들 앞에서는 마음속으로, 혼자 있을 때는 소리 내서 하는 식으로 상황에 맞게 조절하면 된다.

하루 실행 횟수와 타이밍

처음에는 하루 실행 횟수를 2~3회 정도로 해서 차츰차츰 늘려가자. 너무 자주 하려고 하면 부담스러워서 오히려 포기하게 된다. 부담 없이 시작해서 꾸준히 하는 것이 중요하다. 요즘 필자가 실험하고 있는 방법이 있다. 아침에 일어나자마자 거울을 보며 "오늘도 함께 성장해 보자"라고 말하는 것이다. 처음에는 정말 어색했지만, 지금은 하루를 시작하는 소중한 의식이 되었다. 제시 예는 다음과 같다.

- **아침 기상 후 1회**: "오늘도 좋은 하루가 될 거야!"
- **스트레스 상황에서 즉석**: "잠깐, 수호천사는 뭐라고 할까?"
- **저녁 취침 전 1회**: "오늘도 수고했어!"

효과 측정과 변화 체감하기

이 실행을 하다 보면 주관적이기는 하지만 분명한 변화 신호들이 나타난다. 스트레스 상황에서 회복 시간이 얼마나 빨라지는지 살펴보자. 예를 들어, 예전에 화났을 때 2시간 동안 계속됐던 감정이 이제 30분 만에 진정된다면, 이는 변화가 일어났다는 증거다. 또는 '나는 왜 이렇게 못났을까?' 같은 생각이 하루에 10번에서 3번으로 줄어들 수도 있다.

잠들기 전, 내가 어떤 마음 상태인지 살펴보는 것도 좋다. 예전에는 잘못했던 일들만 떠올리며 잠자리에 들었다면, 이제는 '오늘 나름 잘했어!'라고 생각하며 편안하게 잠들 수도 있다. 또 다른 사람에게 더 친절해졌는지도 질문해 본다. 자신에게 친절해지면 자연스럽게 다른 사람에게도 친절해지기 때문이다.

구체적인 확인 방법으로는 일주일마다 1~10점으로 자기 평가하기, 이번 주에 수호천사 대화를 몇 번이나 했는지 확인하기, 가족이나 친구에게 내가 요즘 달라진 점이 있는지 물어보기 등이 있다. 변화는 생각보다 빨리 나타날 수 있다. 일주일만 꾸준히 해도 작은 변화를 느낄 수 있고, 한 달쯤 하면 주변 사람들도 알아챌 만큼 달라진다.

지난주에 중요한 발표에서 실수했는데, 순간 내면의 독설가가 '정말 바보 같다'라고 공격했다. 수호천사 대화를 시도해 봤지만 잘 안 되었다. 그래서 믿을 만한 동료에게 "내가 너무 자책하고 있는 것 같아"라고 솔직히 말했다. 그 동료가 "그 정도 실수는 누구나 해. 네가 생각하는 것보다 사람들은 별로 신경 안 써"라고 말해주었다. 때로는 나의 수호천사가 하는 말보다 다른 사람의 수호천사가 하는 말이 더 잘 들릴 때도 있는 것 같다.

수호천사 OS를 일상에 적용하는 구체적인 방법을 알아보자. 가장 기본적인 것은 '내적 대화의 전환'이다. 하루 동안 자신에게 하는 말들을 의식적으로 바꿔보는 것이다. 이를테면 아침에 거울을 보며 '오늘도 힘든 하루가 시작되겠네'라고 걱정하는 대신, '오늘도 새로운 가능성이 가득한 하루야'라고 긍정적으로 말해보자. 또 실수했을 때는 '정말 바보 같아'라고 자책하는 대신 '괜찮아, 실수를 통해 배우는 거야'라고 격려해 보자. 이런 작은 변화들이 모여서 큰 변화를 만들어낸다.

아침 루틴에서 수호천사 활성화하기

하루의 시작을 수호천사의 목소리로 열어보자. 잠에서 깨자마자 '오늘도 나에게 주어진 소중한 하루야. 무엇을 경험하든 성장의 기회가 될 거야. 나는 충분히 잘할 수 있어'라고 마음속으로 말해보는 것이다. 더불어 오늘 감사한 일 세 가지를 떠올려보자. 작은 것이라도 상관없다. 어제 깨지 않고 푹 잔 것, 따뜻한 침대, 건강한 몸 같은 것들도 충분히 감사한 일이 될 수 있다. 이렇게 하루를 감사의 마음으로 시작하면 뇌에서 행복 호르몬인 세로토닌이 분비돼 온종일 긍정적인 상태를 유지할 수 있다.

직장에서 수호천사 적용하기

직장에서 스트레스를 받을 때마다 수호천사의 목소리를 떠올려보자. 상사가 까다로운 요구를 할 때 피해의식 독설가가 '또 나만 힘들게 하네'라고 불평한다면, 주체성의 수호천사는 '이것도 내 성장을 위한 기회일 수 있어. 어떻게 하면 이 요구를 성장의 발판으로 만들 수 있을까?'라고 긍정적으로 재프레이밍한다. 동료와 갈등이 생겼을 때도 회피 독설가가 '그냥 피하자'라고 제안한다면, 용기의 수호천사는 '솔직하게 대화해 보자. 서로의 입장을 이해하면 더 좋은 관계가 될 수 있을 거야'라고 용기를 북돋운다.

가족 관계에서의 수호천사 대화법

수호천사 OS는 가족과의 관계에서 가장 큰 힘을 발휘한다. 특히 부모-자녀 관계에서 상처의 대물림을 멈추고 사랑의 대물림을 시작할 수 있다. 이를테면 아이가 실수했을 때 예전 같으면 "왜 이것도 못하니?"라고 비판했다면, 이제는 "괜찮아, 처음에는 누구나 다 어려워. 천천히 해보자"라고 격려해 본다. 또 아이가 다른 아이와 비교당하는 상황에서는 "너는 너만의 특별함이 있어. 네 속도대로 가면 돼"라고 아이의 고유성을 인정해 준다. 이런 대화가 아이의 마음에 수호천사 OS를 설치해 주는 것이다.

배우자와의 관계에서도 수호천사 대화법이 적용된다. 배우자와 갈등이 생겼을 때 통제 독설가가 '내가 옳아. 상대가 바뀌어야 해!'라고 고집한다면, 수용의 수호천사는 '우리는 관점이 서로 다를 수 있어. 상대방의 입장도 들어보고 함께 해결책을 찾아보자'라고 건설적으로 제안해 준다. 결국 이런 태도의 변화가 관계의 질을 완전히 바꿔놓는다.

수호천사 습관 만들기

수호천사 OS를 자동화하려면 일상적인 습관으로 만드는 것이 중요하다. 다음과 같은 것들을 습관화해보자.

1분 감사 명상
매일 같은 시간에 1분 동안 감사 명상을 하는 것이다. 눈을 감고 깊이 숨을 쉬면서 오늘 감사한 일들을 떠올려본다. 1분은 아주 짧은 시간이지만, 매일 반복하면 감사의 신경 회로가 강화된다.

자기 격려의 메모
스마트폰에 수호천사의 메시지들을 저장해두고, 하루에 몇 번씩 알림으로 받아본다. "지금도 충분히 잘하고 있어", "실수해도 괜찮아", "너는 소중한 존재야"와 같은 메시지들은 도움이 된다. 이런 메시지를 반복적으로 보면 뇌에 긍정적인 자기 대화가 각인된다.

실수 리프레이밍

실수할 때마다 '이 실수로 내가 배운 것은 무엇일까?'라고 질문하는 습관을 만든다. 그리고 그 답은 간단히 메모해둔다. 이렇게 하면 실수가 자책의 근거가 아니라 성장의 자료가 된다.

취침 전 성찰

잠들기 전에 '오늘 내가 수호천사처럼 행동한 순간은 언제였을까?'라고 돌아보는 시간을 갖는다. 작은 친절, 자기 격려, 용기 있는 행동 등을 찾아보고 스스로를 인정해 준다. 완벽하게 빠짐없이 실천하려 하지 않아도 좋다. 하루에 딱 한 번만이라도 수호천사의 목소리를 들었다면 그것으로 충분하다.

7장을 마치며:
새로운 정체성의 탄생

축하한다. 당신은 방금 자신만의 수호천사 OS 최신 버전을 설치하는 과정을 완료했다. 지금까지 당신을 괴롭혀온 독설가의 정체를 발견하고, 그들이 사실은 세대를 거쳐 전수된 상처의 사슬에서 나온 것임을 이해했다. 그런다음 다섯 가지 독설가를 각각에 맞는 수호천사로 전환하는 방법도 배웠다. 완벽주의 독설가는 충분함의 수호천사로, 피해의식 독설가는 주체성의 수호천사로, 회피 독설가는 용기의 수호천사로, 통제 독설가는 수용의 수호천사로, 비교 독설가는 고유성의 수호천사로 말이다.

    가장 중요한 것은 당신이 이제 스스로 우주의 부모님이 되어 무조건적인 사랑과 지지를 자신에게 줄 수 있게 되었다는 점이다. 이는 단순히 개인적인 변화를 넘어서 세대적 치유의 의미를 갖는다. 상처

의 대물림이 사랑의 대물림으로 바뀌는 순간, 당신은 새로운 가족사의 시작점이 될 것이다.

하지만 아직 우리의 여정이 끝난 것은 아니다. 수호천사 OS를 설치한 것은 시작일 뿐이다. 이제 이 새로운 시스템을 일상의 다양한 영역에 적용하고, 평생에 걸쳐 지속적으로 업데이트해나가는 방법을 배워야 한다.

8장에서는 이 수호천사 OS를 당신 삶의 영역에 어떻게 적용할 수 있는지와 어떻게 평생 자동 업데이트되는 시스템으로 만들 수 있는지에 대해 구체적으로 알아볼 것이다. 그 과정에서 당신은 단순히 문제를 해결하는 것을 넘어서, 진정으로 원하는 삶을 창조하는 멘탈 디자이너로서의 정체성을 완성하게 된다.

CHECK LIST

☑ 내 안의 독설가와 수호천사 구분하기 완료

☑ '다섯 가지 독설가 ⇨ 수호천사 OS 전환법' 이해하기 완료

☑ 우주의 부모님 되기 연습 시작하기 완료

☑ 수호천사 대화법 일상 적용 계획하기 완료

☑ 세대적 치유 의식과 실천 다짐하기 완료

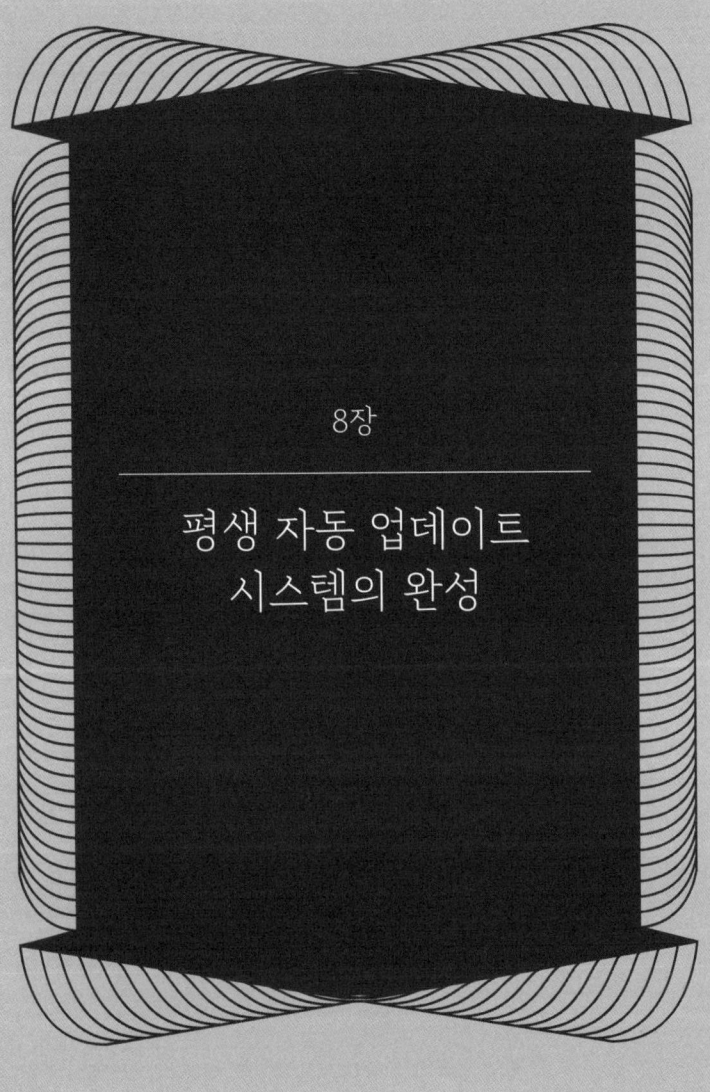

8장

평생 자동 업데이트
시스템의 완성

지속적으로 발전하는
멘탈 OS 관리

7장에서 당신은 놀라운 변화를 경험했다. 내면의 독설가가 수호천사로 바뀌고, 완벽주의 독설가는 충분함의 수호천사가 되었으며, 피해의식 독설가는 주체성의 수호천사로 거듭났다. 회피 독설가는 용기의 수호천사가, 통제 독설가는 수용의 수호천사로, 비교 독설가는 고유성의 수호천사로 변화했다. 하지만 여기서 중요한 질문이 하나 남는다. 이런 놀라운 변화를 어떻게 평생 지속할 것인가?

8장에서는 복잡한 이론이 아니라, 내일부터 당장 적용할 수 있는 실용적인 답을 제시한다. 마치 스마트폰으로 전화거는 방법처럼 간단하면서도 효과적인 수호천사 사용법을 완성하게 될 것이다.

파트 1 수호천사 기본 사용법: 하루 1번, 3분만

하루 3분, 뇌과학이 증명한 변화의 최소 단위

수많은 자기계발서가 실패하는 이유는 너무 거창한 것을 요구하기 때문이다. 하지만 명상, 집중 체크인, 저녁 감사 일… 이런 완벽한 계획은 3일도 지속하기 어렵다. 그런데 수준 높은 사람이 함께하는 삶의 비밀은 보다 현명한 변화의 최소 단위에 있었다. 바로 '하루 3분 자기 연민 연습'이다.

하루 3분 자기 연민 연습이란 내가 무언가를 알아차리는 순간, 다음과 같은 질문들을 스스로에게 던지는 것이다. "지금 내가 겪은 것은 결국 소중한 사랑받을 만한 욕구의 표현이 아닐까?" 이런 완벽한 계획은 3일도 지속하기 어렵다. 그런데 수호천사와 함께하는 삶의 비밀은 보다 현명한 변화의 최소 단위에 있었다. 바로 '잠들기 직전'

이다.

국내외 다양한 연구들이 일관되게 보여주는 결과가 있다. 자기 연민Self-Compassion 훈련이 스트레스 호르몬인 코티솔 수치에 긍정적인 변화를 가져온다고 보고되고 있다. 텍사스 대학교의 크리스틴 네프Kristin Neff 박사와 하버드 의과대학의 크리스토퍼 K. 거머Christopher K. Germer 박사가 개발한 마음챙김 자기연민 프로그램 참여자들은 훈련 후 의미 있는 생리적·심리적 변화를 경험했다.

또한 감사 연구 분야의 여러 연구들에서도 매일 짧은 시간의 감사 연습이 행복도와 생활 만족도 향상에 도움이 된다고 일관되게 보고하고 있다. 3분이라는 시간은 뇌의 보상회로를 활성화하고 도파민 분비를 촉진하는데 필요한 최소 시간인 것이다.

하지만 여기서 중요한 것은 '정확한 시간은 사람마다 다르다'는 점이다. 어떤 사람은 1분 만에라도 충분히 수호천사와 연결될 수 있고, 어떤 사람은 5분이 필요할 수도 있다. 심지어 어떤 날은 30초만 해도 되고, 어떤 날은 10분을 해도 된다. 중요한 것은 소요한 시간이 아니라 꾸준함이다.

우리가 수호천사와 함께하기에 가장 효과적인 시간은 바로 '잠들기 직전'이다. 하루를 마무리 하며 침대에 누워서 '오늘 하루도 잘한 게 뭐가 있을까?'라고 묻는 것이다. 아무리 힘든 하루였어도, 아무리 실수가 많은 날이었어도 잠자리에서 하는 것이다.

이를테면 '오늘 화내지 않고 참았어', '동료에게 친절히 말했어', '목표하지 않고 끝까지 해냈어'라는 작은 것도 좋고, 심지어 '오늘 하루를 살아냈어'라는 말도 충분하다.

이 3분의 수호천사의 목소리를 강화한다. 뇌는 잠들기 직전에 받은 정보를 가장 중요하게 처리한다. 따라서 하루의 마지막에 격려의 목소리를 들으면 수면 중에도 긍정적인 방향으로 뇌가 작동한다. 뇌과학 연구에 따르면, 잠들기 전 마지막 경험이 기억 공고화 과정에서 특별한 의미를 갖는다고 알려져 있다.

더 흥미로운 것은 이 습관을 지키다 보면 '오늘은 어떤 일을 인정해줄까?'라고 기대하며 하루를 보내게 된다는 점이다.

당신만의 시간 찾기: 30초부터 10분까지

만약 3분도 부담스럽다면 당신만의 최소 시간을 찾아보자. 정말 힘든 날에는 30초만 자신에게 "고생했어"라고 말해도 된다. 30초는 아무리 바쁘더라도, 아무리 피곤해도 낼 수 있는 시간이다. 반대로 여유가 있는 날에는 5분, 10분을 해도 좋다.

핵심은 습관을 만드는 것이다. 30초라도 자기 격려를 한 날에는 '나는 자기 돌봄을 하는 사람이야'라는 정체성이 조금씩 형성된다.

이런 정체성의 변화가 축적되면서 시나브로 더 큰 변화가 일어난다. 중요한 것은 '완벽하지 않아도 괜찮다'는 마음가짐이다. 일관성이 완벽함보다 더 중요하다. 100일 중 70일만 해도 넘치도록 충분한 성공이다.

6초 멈춤과 멘탈디자인 4단계, 평생 함께할 기본기

수호천사와 함께하는 삶에는 두 가지 기본기가 있다. 하나는 6초 멈춤이고, 다른 하나는 멘탈디자인 4단계다. 이 둘을 기억하고 있으면 어떤 상황에서도 자신의 멘탈을 스스로 관리할 수 있다.

6초 멈춤은 감정이 올라오는 순간의 황금시간이다. 화가 나거나 불안하거나 자책이 시작될 때, 딱 6초만 멈추면 감정뇌에서 이성뇌로 주도권이 넘어간다. 이 6초 동안 '아, 지금 구 버전 OS가 자동 실행되려고 하는구나'라고 알아차릴 수 있다. 6초는 자동조종장치를 의식적 선택으로 바꾸는 마법의 시간이다.

멘탈디자인 4단계는 멘탈의 근본적인 변화를 위한 체계적 과정이다. 1단계 패턴 분석에서 현재 돌아가는 구 버전 OS를 확인하고, 2단계 패턴 해독에서 그 패턴의 기원과 선한 의도를 이해한다. 3단계 패턴 해체에서 자동 실행을 멈추고, 4단계 패턴 리디자인에서 수호천사 OS를 설치한다. 우리는 이 4단계 과정을 통해 과거의 희생자에서 현재의 설계자로 거듭날 수 있다.

　이 책을 읽은 당신은 이제 '6초 멈춤'과 '멘탈디자인 4단계'라는 두 개의 강력한 도구를 가지게 되었다. 평생 어떤 어려움이 와도 이 두 가지만 기억하면 된다. 6초로 즉석 대응하고, 4단계로 근본 해결하는 것이다.

　첫째, 물리적 단서 만들기이다. 침실 거울에 '오늘도 충분해'라는 작은 스티커를 붙인다. 스마트폰 잠금화면을 '나는 소중한 존재야'로 설정한다. 지갑에 '잘하고 있어'라는 작은 카드도 넣어둔다. 이런 작은 환경적 단서들이 온종일 수호천사를 상기시켜준다.

　둘째, 디지털 환경 최적화다. 스마트폰에 '수호천사 체크인'이라는 이름으로 저녁 10시 알람을 설정한다. 알람이 울리면 1분만 하던 일을 잠시 멈추고 자신에게 물어본다. '오늘 잘 한 건 뭐가 있지?' SNS 앱은 접근하기 어려운 곳에 숨기고, 대신 명상이나 감사 앱을 홈 화면에 둔다.

　셋째, 인적 환경 관리이다. 가족이나 친구에게 자신의 변화 의지를 간단히 공유한다. 그들에게 "나는 지금 더 긍정적인 사람이 되려고 노력하는 중이야. 내가 자기비판을 할 때 좀 말려줄 수 있을까?"라고 부탁한다. 주변 사람들의 지지는 변화를 지속하는 데 강력한 동력이 된다.

1% 복리의 마법을 이용해 수호천사와 친화적인 환경 만들기

매일 1%씩만 나아져도 일 년 후에는 현재보다 훨씬 성장한다는 것이 복리의 마법이다. 수호천사와 함께하는 삶도 마찬가지다. 수호천사의 목소리는 매일 1%씩 더 자주 듣고 독설가의 목소리는 매일 1%씩 덜 듣는다면, 일 년 후에는 완전히 다른 내면 풍경을 가지게 된다.

1% 복리의 핵심은 '완벽함보다는 꾸준함'이다. 거창한 변화를 시도하다가 쉽게 포기하기보다는 별거 아닌 일이라도 꾸준히 실천하는 것이 훨씬 더 효과적이다. 중요한 것은 '방향성'이다. 우리가 매일 조금씩이라도 수호천사를 만나는 방향으로 가고 있다면 문제는 시간이 해결해 준다.

파트 2 고장 나면 AS센터:
완벽하지 않아도 계속 가면 된다

독설가가 돌아왔을 때: "아, 반가워. 오랜만이네!"

수호천사 OS를 설치했다고 해서 더 이상 독설가의 목소리가 안 들리는 게 아니다. 여전히 어려운 상황에서 독설가가 나타날 수 있다. 이는 실패가 아니라 자연스러운 과정이다. 중요한 것은 독설가가 나타났을 때 어떻게 반응하느냐다. 가장 효과적인 대응법은 '적대적으로 거부하기'가 아니라 '친근하게 인사하기'이다. "아, 반가워. 오랜만이네. 그동안 어디 있었어?"라고 말하는 것이다. 이는 농담처럼 들릴 수 있지만, 실제로 매우 효과적인 방법이다.

우리가 독설가를 적으로 대하면 대할수록 독설가는 더욱 강해진다. 뇌는 저항을 받으면 더 강하게 버티려는 특성이 있기 때문이다.

하지만 "아, 네가 나타났구나? 그런데 지금은 수호천사와 대화하고 있어서 조금 기다려줄래?" 하고 정중하게 대하면, 독설가는 힘을 잃는다. 이런 태도는 독설가를 '내면의 한 부분'으로 인정하면서도 현재 상황에서는 수호천사가 더 적절하다고 선택하는 것이다. 이는 독설가를 완전히 무시하는 것도 아니고, 그렇다고 주도권을 넘겨주는 것도 아닌 '건전한 거리 두기'이다.

3일 연속 실패했을 때: 4일째는 무조건 30초만이라도!

가장 위험한 순간은 수호천사와의 접속에 '3일 연속 실패했을 때'이다. 수호천사 체크인을 3일 연속 빼먹었거나 3일 연속 독설가의 목소리에만 휘둘렸을 때가 그렇다. 이때 사람들 대부분은 '역시 안 되겠어'라며 포기한다.

하지만 이런 순간이야말로 가장 간단한 복귀법이 빛을 발하는 때다. 4일째는 무조건 30초만이라도 수호천사와 연결되는 시간을 가지는 것이다. 아무리 바빠도, 아무리 기분이 나빠도 30초는 가능하다. 그리고 이 30초는 다시 수호천사와 연결되는 실마리가 된다. 무엇보다 '완벽하게 복귀하려고' 하지 않는 것이 중요하다. 3일 빼먹었다고 해서 4일째에 3배로 보충하려고 하면 부담이 커져서 또 실패하기 쉽다. 그 대신 '오늘은 30초만 해도 성공'이라는 낮은 기준을 설정한다. 복귀할 때는 실패의 원인에 대한 분석보다는 '어떻게 하면 더 쉽게 지속할 수 있을까?'에 집중한다. 실패의 원인에 집중하는 것은 자기비판으로 이어지기 쉽지만, 개선 방안을 찾는 것은 자기 돌봄에 있어 보다 건설적이다.

주변의 부정적 반응: "나 좀 이상해 보여?" 대처법

수호천사와 함께 살기 시작하면 예상치 못한 일이 일어날 수 있다. 주변 사람들이 갑자기 불편해하거나 부정적인 반응을 보이는 것이다. "왜 갑자기 이상해졌어?", "너무 긍정적인 척하는 것 같아"와 같은 말을 들을 수 있다. 이런 반응을 만날 때는 내 변화가 불편할 수도 있구나라고 이해하면 좋다. 변화는 본능적으로 '위험'으로 인식되기 때문이다. 다른 사람들은 지금까지의 관계 패턴이 바뀌면 불안감을 느낄 수 있다.

이때 상대방을 설득하려고 하거나 변화의 장점을 애써 설명하지 않는다. 대신 '나는 나대로 변화하고, 당신은 당신대로 편안한 속도로 가면 돼'라는 태도를 유지한다. 그러다 시간이 지나면 주변 사람들도 변화의 긍정적 효과를 직접 경험하게 된다. 만약 "나 좀 이상해 보여?"라고 질문받으면 "응, 좀 달라졌어. 그런데 나는 이런 변화가 좋아!"라고 솔직하게 답한다. 변화를 숨기려 하지 않으면서도 상대방에게 압박을 주지 않는 균형 잡힌 대답이다.

나선형 성장의 이해: 3보 전진 1보 후퇴가 정상

많은 이들이 성장해나가는 모습을 직선형이라고 생각한다. 오늘보다 내일이 나아야 하고, 이번 주보다 다음 주가 더 발전해야 한다고 믿는다. 하지만 실제 성장은 나선형으로 이루어진다. 3보 전진하다가 1보 후퇴하고, 다시 3보 전진하다가 1보 후퇴하는 과정을 반복하면서 전체적으로는 상승하는 모양새다. 이런 양상을 이해하면 '일시적 후퇴'에 대해 관대해질 수 있다. 어제는 수호천사의 목소리가 잘 들렸는데 오늘은 독설가의 목소리가 더 강하다고 해서 '역시 나는 안되나 봐'라고 절망할 필요가 없다. 이는 성장 과정에서 자연스럽게 나타나는 일시적 현상일 뿐이니까 말이다.

중요한 것은 '전체적인 방향성'이다. 하루하루 기복에 따라 일희일비하기보다는 1주일, 1개월 단위로 전체적인 방향을 확인하는 것이 중요하다. '이번 달에는 지난달보다 수호천사의 목소리를 더 자주 들었나?'와 같은 질문을 통해 성장을 확인한다.

파트 3 가족용 설정:
사랑의 대물림 시작하기

부모님께 하는 마법의 말: "그때는 그게 최선이셨어요."

부모님과의 관계에서 가장 강력한 수호천사 실천법은 "그때는 그게 최선이셨어요"라는 단 한 마디 말이다.

많은 부모님이 "내가 더 잘해줬더라면 좋았을 텐데…", "그때는 몰라서 미안하다"라고 말씀하신다. 이때 자녀가 "괜찮아요. 그때는 그것이 나름의 최선이셨어요. 저도 이해해요"라고 답하면 모두에게 엄청난 치유가 일어난다. 이 한 마디가 수십 년간 쌓인 부모님의 죄책감을 덜어드릴 수 있고, 동시에 자기 마음도 치유할 수 있다. 부모님을 원망하고 있던 마음에도 이해와 연민의 공간이 생긴다. 하지만, 전혀 미안해하지 않고 오히려 당황해서 화를 내시는 분들도 계시다. 부모님이 아직 준비가 되지 않으셨다면 부모님에게 받고 싶은 사과를 내가 내 이름을 불러주면서 해줄 수 있다. 내가 내 이름을 불러주면서 나에게 필요한 돌봄을 주면 된다. 이를 내면아이 치료라 한다. 필요하다면 전문가의 도움을 받는 것을 추천한다. 부모님이 사과가 필요하다는 것을 아셨다면 이미 하셨을 것이다. 내가 나도 못 바꾸는데 타인을 바꾼다는 것은 불가능하다.

부모님도 처음 하는 육아였다는 이해

여기서 중요한 것은 부모님의 잘못을 덮어주자는 것이 아니다. 부모님도 부모 역할을 해보는 것이 처음이었다는 점을 이해해 보자. 우리가 지금 직장과 여러 인간관계에서 시행착오를 겪듯이 부모님도 육아에서 시행착오를 겪은 것이다. 좀 더 깊이 생각해 보면, 부모님은 자신도 사랑을 받아보지 못했기에 사랑을 어떻게 줘야 하는지 몰랐을 수도 있다. 할머니, 할아버지가 바쁘게 살아가시느라 관심을 충분히 받지 못했다면, 부모님도 관심을 주는 방법을 배울 기회가 없었을 것이다. 그런데도 부모님은 나름대로 자녀를 사랑하려고 애썼다.

실제로 많은 부모님이 자신이 받아보지 못한 것을 자녀에게 주려고 노력한다. 자신은 가난하게 자랐지만 자녀에게는 용돈을 넉넉히 준다든가, 자신은 배우지 못했지만 자녀에게는 온 힘을 다해 교육을 지원한다든가 하는 식으로 말이다.

부모님을 한 인간으로 바라보기

이제 우리가 성인이 되었으니까 부모님을 조금 다르게 바라볼 수 있다. 예전에는 '우리 엄마', '우리 아빠'였지만, 이제는 '그녀'와 '그'라는 3인칭의 한 인간으로 바라볼 수도 있다. 우리 부모님에게도 새파랗게 젊은 20대, 30대 시절이 있었고, 나름의 꿈과 고민도 있었을 것이다. 또한, 직장에서 스트레스를 받고 경제적 압박에 힘들어하면서도 가족을 위해 버텨낸 시간이 있었을 것이다. 그들은 완벽한 부모가 아니라, 부족한 점도 많은 그냥 평범한 사람이었다.

이렇게 생각하면 부모님에 대한 마음이 조금씩 풀린다. "왜 우리한테 그렇게 했어?"라는 원망에서 "그때는 정말 힘드셨겠네"라는 이해로 조금씩 변해간다. 부모님에 대한 마음이 하루아침에 바뀌지는 않는다. 하지만 조금씩, 천천히 바뀔 수 있다.

용서는 나를 위한 선물

우리가 용서가 어려운 이유는 '상대방을 위해 하는 것'이라고 생각하기 때문이다. 하지만 실제로는 다르다. 용서는 '이제 그 일 때문에 더 이상 괴로워하지 않겠다'는 나와의 약속이다. 상대방이 바뀌든 안 바뀌든 상관없이, 나는 더 이상 당신이 나에게 했던 말과 행동에 영향받지 않겠다는 선언이다. 부모님을 용서했다고 해서 부모님이 갑자기 달라지는 것은 아니다. 하지만 내 마음은 가벼워진다. 부모님을 생각할 때마다 화나고 답답했던 마음이 조금씩 편안해진다. 과거에 얽매이지 않고 내가 나를 위해서 내 삶을 살기 시작하는 시작점이 되기 때문이다.

부모님이 여전히 예전 방식으로 잔소리나 걱정을 할 때도 수호천사의 관점으로 해석해 보자. '또 잔소리를 하시네'라는 피해의식 OS를 돌리는 대신 '나를 걱정해서 하시는 말씀이구나'라고 주체성 있게 받아들여본다. "엄마, 저를 걱정하시는 마음은 충분히 이해해요. 그런데 저는 이런 방식으로 해보고 싶어요"라고 부모님 마음을 먼저 인정해 드린 다음 나의 입장을 전해본다.

아이의 마음을 수용하는 전달법: "실수해도 괜찮아!"

아이를 키우는 부모라면 자신이 받은 상처를 아이에게 대물림하지 않으려고 특별히 주의해야 한다. 아이가 실수했을 때 우리 안의 독설가가 활성화되기 쉽기 때문이다. "왜 그랬니?", "몇 번 말해야 알아듣니?"와 같은 반응이 자동으로 나올 수 있다.

하지만 6초 멈춤과 333 실천으로 수호천사의 목소리를 듣는다면 달라질 수 있다. "네가 실수한 건 괜찮아. 다음에는 어떻게 하면 좋을까?"라고 말한다. 이런 반응은 아이에게 '실수해도 괜찮다', '나는 사랑받는 존재다', '실수를 통해 배울 수 있다'는 수호천사 OS를 설치해 준다.

부모가 아이의 감정을 수용해 주는 것도 중요하다. 아이가 울거나 화를 낼 때 "울지 마", "화내지 마"라고 감정을 차단하는 대신, "많이 속상했구나, 화가 났구나"라고 감정을 먼저 인정해 준다. 그리고 "그런 감정이 드는 건 자연스러운 거야"라고 감정의 정상성을 알려 준다. 한편 아이의 성취에 대해서도 수호천사의 관점으로 반응한다. "일등 했네, 훌륭해!"라고 결과만 칭찬하는 게 아니라, "네가 열심히 노력하는 모습이 멋있었어!" 또는 "포기하지 않고 끝까지 해낸 게 대단해!"라고 과정을 인정해 준다.

배우자에게 하는 고백: "나도 배우는 중이야!"

배우자와의 관계에서는 '완벽한 변화'를 보이려고 하지 않는 것이 중요하다. 대신 "나도 배우는 중이야"라는 솔직한 고백이 관계 개선에 더 효과적이다. 변화 과정에서 실수하거나 예전 패턴이 다시 나타날 때, 이를 숨기려 하지 않고 솔직하게 인정하면 더 좋다. "아, 내가 또 예전처럼 반응했네. 미안해. 나도 아직 배우는 중이야"라고 말하는 것이다. 이런 솔직함은 배우자에게 '변화에 대한 압박'을 주지 않으면서도 자신의 변화 의지를 효과적으로 전달하게 한다.

부부 사이에 갈등이 생겼을 때도 수호천사의 갈등 해결 방식으로 접근한다. 몹시 화가 나더라도 6초 멈춤과 333을 실천하고 "지금 내가 화가 났는데, 잠깐 진정하고 이야기할게"라고 말한다. 이런 모습을 보면 배우자도 자연스럽게 비슷한 방식을 학습하게 된다.

세대적 상처 끊기: 내 선에서 멈추려는 결심

가족 관계에서 수호천사를 실천하는 것은 '세대적 상처의 사슬을 끊는 것'에 가장 큰 의미가 있다. 할머니가 받은 상처가 어머니에게 전달되고, 어머니가 받은 상처가 나에게 전달되는 식의 세대적 상처 전수를 내 선에서 멈추는 것이다. '내 아이에게는 내가 받은 상처를 물려주지 않겠다'는 결심이 세대적 치유의 시작이다. 내가 어린 시절에 "너는 안 돼"라는 메시지를 들었다면, 내 아이에게는 "너는 충분히 소중해"라는 메시지를 전달한다. 내가 '완벽하지 않으면 사랑받지 못한다'는 조건부 사랑을 경험했다면, 내 아이에게는 '있는 그대로의 네가 사랑스러워'라는 무조건적 사랑을 보여준다.

이런 의식적인 선택이 상처의 사슬을 끊는다. 수백 년간 이어져 온 가족의 상처 패턴이 나에게서 멈추고, 새로운 사랑의 패턴이 시작되는 것이다. 이는 단순히 개인적인 치유를 넘어서 가족 전체, 나아가 사회 전체의 치유에 기여하는 일이다.

파트 4 멘탈 근육 유지 관리법 :
현실적 기대치와 지속적 관리

멘탈도 근육이다: 운동과 휴식의 원리

많은 사람들이 수호천사 OS를 설치하고 나면, '이제 평생 독설가의 목소리는 안 들릴 거야'라고 기대한다. 하지만 이는 현실적이지 않다. 멘탈도 근육과 같아서 꾸준한 운동과 관리를 해야 한다. 쉬면 약해지고, 다시 관리를 시작하면 회복된다. 우리 신체의 근육을 생각해 보자. 6개월간 열심히 운동해서 근육을 만들었다고 해서 그 근육이 평생 유지되는 것은 아니다. 운동을 안 하면 근육이 빠지고, 오랜만에 다시 하려고 하면 예전만큼 잘 안 된다. 하지만 한 번 만들어진 근육은 '근육 기억'이 있어서 다시 시작하면 처음보다는 훨씬 빠르게 회복된다.

멘탈 근육도 정확히 같은 원리로 작동한다. 수호천사 OS를 꾸준히 사용하면 강해지고, 사용하지 않으면 약해진다. 하지만 한번 만들어진 수호천사 신경 회로는 완전히 사라지지 않는다. 독설가의 목소리가 다시 들리더라도 이를 알아차리는 순간, 언제든지 수호천사와 다시 연결될 수 있다.

빈도와 강도의 변화: 점진적 개선 과정

수호천사 OS를 사용하기 시작하면 놀라운 변화가 일어난다. 예전 패턴으로 돌아가는 빈도가 점점 줄어들고, 다시 돌아가더라도 강도가 약해지며, 회복되는 시간이 짧아진다. 이를 생생하게 보여주는 필자의 이야기를 들려주겠다.

어린 시절, 나는 아버지가 화를 내면 울음을 참으려고 숨을 멈췄다. 숨을 쉬면 울음이 터져버릴 것 같아서 그랬다. 그때 나는 '내 아이만큼은 상처받지 않게 잘 키워봐야지'라고 결심했다. 하지만 그건 다짐한다고 되는 일은 아니었다. 평소에는 천사같이 좋은 엄마였다가도 순식간에 한계에 다다르면 나도 모르게 욱해서 아버지가 내게 했듯이 아이에게 가슴 아픈 말들을 하고 말았다.

나는 아이 눈에 눈물이 핑 도는 걸 보는 순간 멈춰야 하는 걸 알았지만, 쉬이 멈출 수 없었다. 아이 얼굴에 좌절의 빛이 스치는데도 '아, 이제 진짜 멈춰야 하는데' 하면서도 멈추지 못했다. 마치 한 바퀴가

다 돌아야 끝나는 카세트테이프처럼, 내 입에서는 그 미운 독설들이 쏟아지고 있었다.

어느 날 비폭력 대화를 배우고 나서 다음과 같이 아들에게 말했다. "아들아, 그동안 엄마가 정말 잘못했어. 이제는 엄마가 화내거나 소리 지르지 않고 비폭력 대화로 얘기할게." 그러자 아들 표정이 막 환해지면서 너무나 행복하게 바뀌었다.

그런데 비폭력 대화법을 배웠다고 해서 실천이 잘되는 것은 아니었다. 참고 또 참다가 한계에 다다르면 습관대로 욱하고 소리 지르고 또 사과하고…. 이런 패턴이 도돌이표처럼 반복되던 어느 날, 큰 아들이 진저리를 치면서 말했다. "엄마, 제발 사과하지 마. 어차피 또 소리 지르고 화낼 거잖아?" 그때 나는 정말 아무 말도 할 수가 없었다. 한참 이따가 "아들아, 엄마가 지금 연습하는 중이야. 그래서 지금 잘 안 되는데, 계속 연습하다 보면 언젠가는 나아지지 않겠어? 근데 네가 하지 말라고 하면 안 할게. 그냥 원래대로 소리 지르고 화내고 막 계속 그렇게 할게" 하고 말했다. 그랬더니 아들이 말했다. "그럼 계속하세요."

그렇게 나는 아이의 허락 아닌 허락을 받고 연습을 계속했다. 시간이 흘러 나는 네 아이를 키우는 엄마가 되었다. 아침이면 아이들을 돌보느라 북새통도 그런 북새통이 없었다. 셋째 옷을 입혀놓고 넷째 등원을 준비하다 보면, 어느새 셋째는 옷을 홀랑 벗어놓고 넷째는 물을 쏟아 그 안에서 헤엄치기 일쑤였다. 이쯤 되면 정신 줄을 놓지 않을 엄마가 없을 것이다. 그러면 나는 "야!" 하고 소리를 지르게 되는데, 그때 둘째 아이가 말했다. "얘들아, 너희 문제가 아니야. 신경 쓰지 마. 엄마가 지금 조절이 안 돼서 그래. 이따가 엄마가 정신 돌아오면 사과하실 거야."

그 말을 듣는 순간 '아, 나는 전생에 무슨 죄를 그리도 많이 지었기에 허구한 날 사과하고 반성만 하는 거야!'라는 생각이 들었다. 차라리 비폭력 대화 같은 것을 배우지 않았더라면 좋았을 텐데. 예전에 하던 대로 막 시원하게 소리를 지를 수도 없고, 그렇다고 배운 대로 잘되지도 않고…. 이러지도 저러지도 못하는 상황이 계속될 때마다 나는 거울 속 나에게 말을 건넸다. "주리야, 잘하고 있어! 지금 힘든 건 네가 계속 시도하고 있기 때문이야. 운동을 처음 시작했을 때 느끼는 근육통 같은 거라고! 멈추지 말고 계속하다 보면 언젠가는 잘하게 되겠지. 계속해 보자."

그렇게 좌충우돌 반성문을 써가며 연습하던 어느 날, 진저리를 치며 사과하지 말라고 했던 큰아들이 말했다. "엄마, 엄마가 성장하는 과정을 지켜보는 게 재미가 쏠쏠해요."

이것이 바로 빈도와 강도의 변화다. 어떻게 해야 하는지 배웠다고 해서 그 즉시 잘되는 것은 아니다. 마음 근육도 몸 근육처럼 시간을 들여서 꾸준히 관리해야 한다. 그러한 노력을 통해 실수의 빈도와 강도를 줄일 수 있다. 보이지 않는 마음 근육은 빈도와 강도로 변화를 확인해야 한다.

알아차림이 곧 재시작: 언제 어디서든 가능한 복귀

멘탈 근육 관리에서 가장 중요한 것은 알아차림이 곧 재시작이라는 사실이다. 독설가의 목소리가 들리는 것 자체가 문제가 아니라, 그것을 알아차리지 못하고 계속 빠져있는 것이 문제가 된다. 알아차리는 순간, 이미 수호천사 근육 운동이 다시 시작된 것이다. 지하철 안에서 '아, 내가 지금 자책하고 있구나'라고 알아차렸다면, 바로 그 순간부터 수호천사 OS가 다시 활성화된다. 또 걸어가는 중에 '내가 또 비교하고 있네'라고 깨달았다면, 그 한 걸음부터 수호천사 OS가 새롭게 시작된다. 회사 화장실에서든, 집 부엌에서든, 어디에서든 재시작할 수 있다.

중요한 것은 '완벽하게 복귀해야 한다'는 압박감을 가지지 않는 것이다. 알아차린 다음 즉시 완벽한 수호천사가 될 필요는 없다. '아, 알아차렸네. 조금씩 돌아가자'라는 마음으로 천천히 수호천사 근육을 다시 쓰기 시작하면 된다.

근육 기억의 힘: 한번 배운 것은 사라지지 않는다

신체 근육에 '근육 기억'이 있듯이 멘탈 근육에도 '멘탈 기억'이 있다. 한번 수호천사의 목소리를 경험한 뇌는 그 패턴을 기억한다. 독설가의 목소리가 다시 활성화되더라도 수호천사 신경 회로는 완전히 사라지지 않고 잠시 비활성화될 뿐이다. 그래서 다시 시작할 때 처음보다 훨씬 더 빠르게 회복된다. 처음 수호천사 OS를 설치할 때는 몇 주가 걸렸지만, 재시작할 때는 며칠 또는 몇 시간 만에도 가능하다. 뇌가 이미 그 경로를 알고 있기 때문이다.

이는 우리에게 큰 희망을 준다. 실수하거나 예전 패턴으로 돌아가더라도 '모든 것을 처음부터 다시 시작해야 한다'는 절망감을 느끼지 않아도 된다. 단지 잠시 쉬었던 근육을 다시 사용하기만 하면 되니 말이다.

일상 속 멘탈 근육 운동법

멘탈 근육을 지속적으로 강화하려면 일상 속에서 꾸준히 운동하는 것이 필요하다. 하지만 헬스장에 가는 것처럼 특별한 시간과 장소가 필요한 것은 아니다. 일상의 모든 순간이 멘탈 근육 운동의 기회다. 아침에 일어나서 '오늘도 할 수 있어!'라고 한마디 외치는 것도 운동이고, 실수했을 때 '괜찮아, 배우는 중이야'라고 자신을 격려하는 것도 운동이다. 누군가에게 화가 날 때 6초 멈춤을 실천하는 것도 운동이다. 또 하루를 마무리하며 '오늘 뭐 하나 잘했지?'라고 물어보는 것도 운동이다.

이러한 소소한 운동들이 모여서 멘탈 근육의 힘이 자란다. 처음에는 의식적으로 해야 하지만, 시간이 지나면 자동으로 작동하게 된다. 마치 숙련된 운동선수가 자연스럽게 몸을 움직이듯이, 숙련된 멘탈디자이너는 자연스럽게 수호천사의 목소리를 사용하게 된다.

멘탈 근육의 회복 시간: 휴식도 필요하다!

신체 근육이 성장하려면 운동 후 충분한 휴식이 필요한 것처럼, 멘탈 근육에도 때때로 휴식이 필요하다. '항상 긍정적이어야 한다'는 압박감을 느끼지 말고, 때로는 '오늘은 그냥 쉬어도 돼'라고 허용하는 것이 중요하다. 슬픈 일이 있을 때 억지로 긍정하려고 노력하지 않아도 된다. 화가 날 땐 무조건 참지 않아도 된다. 감정을 억압하는 것은 멘탈 근육을 키우는 것이 아니라, 오히려 손상하는 일이 될 수 있다. 자연스럽게 드는 감정을 인정하고 받아들이는 것도 수호천사의 역할이다.

중요한 것은 휴식과 포기를 잘 구분하는 것이다. '오늘은 좀 힘드니까 쉬어가자'라는 마음으로 쉬는 것은 건강한 휴식이 될 수 있지만, '어차피 안 될 거야'라는 마음으로 쉬는 건 포기에 가깝다. 휴식 후에는 다시 시작할 의지가 생기지만, 포기에는 그런 여지가 없다. 멘탈 근육 관리에서는 휴식은 허용하되 포기는 하지 않는 것이 중요하다.

바디프로필처럼 시간과 노력이 필요한 멘탈 근육

생각해보면 바디프로필을 찍기 위해 근육을 만들려면 얼마나 큰 노력이 필요한가? 식단 관리도 해야 하고, 엄청난 근육 훈련도 해야 한다. 최상의 몸매는 하루아침에 만들어지지 않는다. 몇 달간 꾸준한 노력이 필요하고, 찍고 나서도 계속 관리해야 근육이 유지된다. 마음의 근육도 마찬가지다. 너무 성급하게 한 번에 마법처럼 달라져서 다시는 예전으로 되돌아가지는 않겠다는 기대를 내려놓자. 그런 기대는 우리를 더 힘들게 만들 뿐이다.

솔직히 고백하면, 이 책을 쓰고 있는 필자도 여전히 부족한 점이 있다. 때로는 독설가의 목소리가 들리고, 때로는 예전 패턴으로 돌아가기도 한다. 이미 완벽한 수호천사가 된 사람이 아니라, 여전히 배우고 있다. 그러니 '나도 안 되는데 다른 사람들도 쉽지 않겠구나. 우리 모두 비슷한 어려움을 겪고 있구나' 하는 마음으로 서로를 이해하면 된다. 완벽해지려고 애쓰기보다는 어제보다 오늘 조금 더 나아지려고 노력하는 것으로 충분하다.

그래도 우리 멈추지 말고 한 걸음 한 걸음 나아가 보자. 그러다 보면 지금보다 더 성장해서 만날 날이 온다. 일 년 후에는 "아, 그때보다 정말 많이 달라졌네" 하며 웃으며 말할 수도 있을 것이다. 완벽하지는 않더라도 분명히 지금보다는 더 자기 자신에게 친절해지고, 더 수호천사의 목소리를 잘 듣는 사람으로 말이다.

8장을 마치며:
평생 업데이트 시스템 가동 준비 완료

축하한다. 당신은 수호천사 OS의 평생 자동 업데이트 시스템을 완성했다. 복잡한 이론이 아니라, 실제로 작동하는 간단하고 실용적인 시스템을 갖추었다. 하루 1번 1분의 기본 사용법, 고장 났을 때의 AS 센터 활용 방법, 가족에게 전하는 사랑의 설정, 그리고 현실적인 멘탈 근육 관리법까지.

가장 중요한 것은 '이 모든 것이 완벽하게 실행되어야 한다는 압박감을 느끼지 않는 것'이다. 멘탈도 신체 근육과 같아서 꾸준한 관리가 필요하지만, 완벽하지 않아도 괜찮고 쉬어도 좋으며 언제든 다시 관리를 시작할 수 있다는 것을 기억하라.

이제 당신의 내면에는 평생 당신을 지지하고 격려할 자동 업데이트 시스템이 완성되었다. 이 시스템은 앞으로 수십 년간 당신을 더 나은 버전으로 업그레이드해 갈 것이다. 때로는 독설가의 목소리가 들릴 수도 있겠지만, 그 빈도는 줄어들고 강도도 약해지며 회복 시간은 짧아질 것이다.

'알아차림이 곧 수호천사 OS의 재시작'이라는 것을 기억하라. 지하철 안에서든, 걷고 있던 길 위에서든, 어디서든 당신은 수호천사와 다시 연결될 수 있다. 당신은 이제 단순히 수호천사 OS를 설치한 사람이 아니다. 평생에 걸쳐 자신의 멘탈 근육을 관리하고, 주변 사람들에게 사랑을 전달하며, 세대적 상처의 사슬을 끊는 진정한 멘탈디자이너가 되었다.

CHECK LIST

- ☑ '하루 1번, 3분만' 기본 사용법 이해하기 완료

- ☑ 수호천사와의 접속 실패 시 '30초만이라도' 복귀법 숙지하기 완료

- ☑ 가족용 핵심 대화법 세 가지 준비하기 완료

- ☑ '완벽하지 않아도 괜찮다'는 마음가짐 확립하기 완료

- ☑ 평생 자동 업데이트 시스템 가동 준비하기 완료

EPILOGUE
평생 멘탈디자이너가 된 당신에게

멘탈디자이너의 하루 루틴

아침 7시, 출근 준비를 하며 수호천사 OS가 자동으로 실행된다. 수호천사는 '오늘 중요한 프레젠테이션이 있지? 긴장하는 건 자연스러운 일이야. 준비한 만큼 충분히 잘 할 수 있을 거야'라고 말한다. 예전 같으면 '실패하면 어떡하지?'라는 악마의 속삭임이 온종일 당신을 위축되게 만들었을 텐데, 이제는 충분함의 수호천사가 자신감을 북돋운다.

출근길 지하철에서 갑자기 '혹시 발표 중에 말을 더듬으면 어떡하지?'라는 구 버전 생각이 스멀스멀 올라온다. 예전 같으면 이 생각에 완전히 사로잡혀 온갖 최악의 시나리오를 그려냈을 것이다. 하지만 이제는 다르다. '아, 완벽주의 OS가 작동하려고 하네. 잠깐만!'이라고 외치고, 6초 동안 깊게 숨을 쉬며 수호천사 OS로 전환한다. 이내 수호천사는 '발표는 완벽할 필요가 없어. 진정성 있게 전달만 하면 돼. 실수해도 괜찮아'라고 말한다. 이러한 전환 과정은 이제 자연스럽고 빠르다.

회사에 도착해 동료의 차가운 표정을 봐도 '저 사람도 힘든 일이 있나 보다'라고 여유롭게 생각하는 당신. 상사의 예상치 못한 업무 지시에도 6초 멈춤과 333을 실천하며 '이 상황에서 내가 할 수 있는 최선은 뭘까?' 하고 자연스럽게 묻는 당신. 동료와 의견 차이가 생겨도 '서로 관점이 다를 수도 있지. 어떻게 하면 더 나은 결과를 함께 만들 수 있을까?' 하고 협력적 해결책을 찾아나가는 당신!

프레젠테이션 시간이 다가온다. 몸이 약간 긴장되는 것이 느껴진다. '이런 긴장은 자연스러운 거야. 이 에너지를 발표의 동력으로 삼아 보자'라고 다짐하지만, 발표하다가 작은 실수를 하기도 한다. 예전 같으면 '망했네, 망했어! 다 끝났구나' 하며 패닉에 빠졌을 것이다.

하지만 이제는 '실수는 누구나 하잖아? 이제 더 집중해서 잘 마무리하자'라며 담담히 받아들인 다음 발표를 이어간다. 발표 후 받은 피드백도 예전처럼 비난으로 받아들이지 않고 성장의 기회로 받아들인다.

어느덧 점심시간이 됐다. 예전 같으면 무의식적으로 스마트폰을 보며 시간을 보냈을 텐데, 이제는 의식적으로 어떻게 시간을 보낼지 선택한다. '지금 내게 가장 필요한 것은 뭘까? 휴식? 사람들과의 대화? 아니면 혼자만의 시간?' 오늘은 발표 때문에 에너지 소모가 있었으니 조용한 공원에서 명상하기로 한다. 10분간의 짧은 명상으로도 오후를 위한 에너지 충전이 완료된다.

오후 업무 중 예상치 못한 문제가 발생한다. 클라이언트가 갑자기 프로젝트 방향을 바꿔달라고 요청한 것이다. 일순간 '아, 또 야근해야 하나?'라는 좌절감이 올라온다. 하지만 잠깐, 이것도 구 버전 OS의 생각이다. 이내 용기의 수호천사가 자동 실행되어 '변화는 기회일 수 있어. 어떻게 하면 이 상황을 더 나은 결과로 이끌 수 있을까?'라고 말한다. 당신은 침착하게 상황을 분석하고 팀원들과 함께 창의적인 해결책을 찾아나간다.

퇴근 후 집에 오는 길에 배우자에게 "오늘 아이가 학교에서 문제를 일으켰어"라는 연락을 받는다. 순간 '내가 뭘 잘못했나?'라는 자책감과 '아이를 제대로 못 키우는 것은 아닐까?'라는 불안감이 몰려온다. 하지만 이제는 이런 감정도 잠시일 뿐이다. 내면의 수호천사가 '아이도 성장 과정에서 시행착오를 겪는 게 자연스러워. 어떻게 도와줄 수 있을지 생각해 보자'라고 말해주기에 집에 도착하기 전까지 마음의 중심을 되찾을 수 있다.

집에 와서도 아이를 다그치는 대신 "힘든 일이 있었구나! 어떤 기분이었는지 엄마(아빠)에게 말해줄 수 있을까?"라며 먼저 아이의 마음을 들여다본다. 배우자와 의견이 다를 때도 "우리가 함께 더 나은 방향을 찾을 수 있을 거야"라며 협력의 관점으로 접근한다. 저녁을 먹으며 가족과 나누는 대화도 예전보다 훨씬 따뜻하고 깊이가 있다.

마지막으로 하루를 마무리하며 침대에 누워 오늘 하루를 되돌아본다. '오늘도 완벽하지는 않았지만, 최선을 다했어. 내일은 오늘보다 조금 더 나은 하루를 만들어보자!' 이렇게 수호천사의 격려 속에서 당신은 편안하게 잠이 든다.

3개월 후, 깊어진 변화의 뿌리

3개월이 지나면서 당신의 변화는 더욱 깊어진다. 이제는 의식적으로 노력하지 않아도 수호천사 OS가 거의 자동화돼 있다. 악마의 속삭임이 들려와도 예전처럼 쉽게 흔들리지 않는다. 설령 잠시 흔들렸다 해도 회복 시간이 놀랍도록 짧아졌다.

예를 들어, 회사 승진에서 밀렸다는 소식을 들었을 때도 반응이 예전과 완전히 다르다. 순간 '역시 나는 안 돼'라는 구 버전 생각이 스쳐 지나가지만, 이제는 그 생각에 머물러있지 않는다. 수호천사가 '아, 지금 비교 OS가 잠깐 실행됐네. 하지만 나의 가치는 승진 여부로 결정되지 않아. 이번 기회를 통해 더 성장할 수 있는 방법을 찾아보자'라고 말했기 때문이다. 오히려 한두 시간 후에 당신은 '이번 경험을 통해 내가 정말 원하는 방향이 무엇인지 더 명확해졌네'라며 새로운 가능성을 탐색하기 시작한다.

직장에서는 함께 일하고 싶은 사람, 의지할 수 있는 동료로 인정받는다. 후배들이 어려운 일이 있을 때 자연스럽게 당신을 찾아온다. "선배님은 어떻게 그렇게 항상 침착하세요?", "스트레스는 어떻게 관리하세요?"라는 질문받을 때마다 당신은 멘탈디자인의 지혜를 자연스럽게 나누게 된다.

"저도 예전에는 스트레스를 많이 받았어요. 하지만 격한 감정이 올라올 때 6초만 숨을 고르고 '지금 내가 선택할 수 있는 최선이 무엇일까?'라고 물어보기 시작했죠. 완벽하지 않아도 괜찮다는 것을 받아들이니까 훨씬 편해지더라고요." 이런 조언이 술술 나오는 자신을 보며 당신도 놀란다.

또한, 가정에서도 놀라운 변화가 일어난다. 아이들이 "엄마(아빠)는 다른 어른들과 달라요. 화내지 않고 우리 말을 들어줘요"라고 말한다. 물론 여전히 가끔 아이에게 짜증을 낼 때도 있다. 하지만 예전처럼 온종일 그 감정에 머무르지 않는다. '아, 지금 내가 피곤했구나. 아이에게 사과한 뒤 다시 시작하자'라며 빠르게 회복하고, 아이에게 진심 어린 사과를 전한다.

당신의 배우자는 "예전보다 대화하기가 훨씬 편해졌어요. 뭔가 같이 이야기 나누면 마음이 편안해져요"라고 감사의 마음을 표현한다. 이제 부부간의 갈등도 예전처럼 며칠씩 끌지 않는다. 당신 또는 배우자가 "우리가 지금 감정적으로 대화하고 있는 것 같아. 잠깐 쉬었다가 다시 이야기해 볼까?"라며 건설적인 소통의 틀을 제안하기 때문이다. 당신의 변화된 에너지가 가족 전체의 분위기를 바꾸기 시작한 것이다.

6개월 후, 멘탈디자인 문화의 전파자

6개월 후가 지나면 당신은 단순히 개인적 변화를 넘어서 주변에 멘탈디자인 문화를 확산시키는 역할을 하게 된다. 이제는 악마의 속삭임이 들려와도 거의 흔들리지 않는다. 아니, 정확히 말하자면 흔들리는 빈도가 현저히 줄어들었고, 설령 흔들려도 금세 중심을 되찾는다.

직장 동료들이 힘든 일이 있을 때 "혹시 6초 멈춤과 333 호흡법 해보셨어요?", "이 상황에서 달리 볼 방법은 없을까요?"라며 자연스럽게 멘탈디자인 관점을 제안한다. 게다가 처음에는 "무슨 말인지 모르겠어요"라며 시큰둥한 반응을 보였던 동료들까지 점차 관심을 보이기 시작한다. 실제로 그 방법들이 효과가 있다는 것을 체험했기 때문이다.

"정말 신기해요! 화가 날 때 6초만 참으면 정말 마음이 달라지네요", "상황을 다른 관점에서 보니까 스트레스가 훨씬 줄어들어요"와 같은 피드백을 들을 때마다 당신도 기분이 좋아진다. 멘탈디자인 효과가 당신만의 것이 아니라는 것을 확인하기 때문이다.

한편 육아맘 모임에서 "아이에게 화를 내고 싶을 때 어떻게 하세요?"라는 질문을 받으면, "저는 잠깐 멈추고, 이 아이에게 진짜 필요한 게 뭔지 먼저 생각해 봐요. 아이의 행동 뒤에는 항상 충족되지 못한 욕구가 있거든요"라며 실용적인 조언을 나눈다. 학부모 모임에서도 "우리 아이가 다른 아이와 비교되는 게 힘들어요"라는 고민에 "아이마다 고유한 속도와 방향이 있어요. 비교보다는 그 아이만의 성장에 집중해보세요. 저도 예전에는 계속 비교했는데, 그렇게 하니까 아이도 저도 힘들더라고요"라며 따뜻한 지혜를 전한다.

그리고 온라인 카페나 SNS를 통해서도 멘탈디자인의 지혜를 나눈다. "오늘 아이에게 소리를 질렀는데 너무 후회돼요"라는 글에 "저도 그런 적 많아요. 완벽한 부모는 없어요. 아이에게 솔직하게 사과하고 다시 시작하면 돼요. 실수는 성장의 기회예요"라며 댓글을 단다. 이런 작은 나눔들이 모여 따뜻한 공감의 네트워크가 만들어진다.

부모님과의 새로운 관계

가장 놀라운 변화는 당신의 부모님과의 관계에서 일어난다. 예전에는 부모님이 잔소리나 간섭을 하면 '또 시작이네'라며 짜증이 났지만, 이제는 완전히 다른 시각으로 바라볼 수 있게 되었다. '우리 부모님도 나름의 걱정과 사랑 표현 방식이 있으시구나. 그분들 역시 부모에게 상처받은 어린아이였구나'라며 이해하게 된다.

어머니가 "너는 언제 결혼할 거니?", "왜 이렇게 말랐니?", "다른 집 아이들은 다 잘 사는데"라며 남과 비교할 때도 예전처럼 발끈하지 않는다. 대신 "어머니도 걱정이 많으신가 봐요. 저는 잘 살고 있으니까 너무 걱정하지 마세요"라며 부드럽게 대답한다. 어머니도 당신의 달라진 반응에 점차 놀라워한다.

아버지가 여전히 권위적인 말투로 조언할 때도 '이 조언도 아버지

나름의 사랑 표현이구나'라고 받아들인다. 대신 "아버지, 조언 감사해요. 제가 생각해 볼게요"라며 정면충돌을 피하고 자신의 경계를 지킨다. 부모님도 "요즘 많이 성숙해진 것 같구나", "마음이 편안해 보인다"라는 말씀을 자주 하신다.

명절에 친척들이 모였을 때도 예전처럼 스트레스받지 않는다. "언제 결혼하니?", "돈은 얼마나 버니?", "너보다 어린 사람들이 벌써 과장이 됐다던데"와 같은 질문들에도 '아, 이런 말씀을 하시는 게 이분들 나름의 관심 표현이구나'라고 생각하고 웃으며 적당히 대답한다. 예전 같으면 화가 나서 방에 확 들어가 버렸을 텐데, 이제는 "각자의 인생이 다르죠"라며 여유롭게 대응한다.

부모님과의 관계가 이렇게 편안해지니까 가족 모임 자체가 즐거워진다. 당신의 변화를 본 가족들도 시나브로 대화 방식을 바꾸기 시작한다. 세대를 거쳐 이어진 상처의 사슬이 당신을 통해 끊어지고 있음을 느낀다.

자녀에게 전하는 새로운 유산

더 중요한 것은 당신이 자녀들에게는 완전히 다른 메시지를 전달하고 있다는 점이다. '실수해도 괜찮다', '너는 그냥 존재하는 것만으로도 소중해', '다른 사람과 비교할 필요 없어', '너만의 속도대로 천천히 가도 된다'는 수호천사의 언어들이 아이들 마음속에 새로운 OS로 설치된다. 다음은 멘탈디자인으로 달라진 자녀와의 대화 사례이다.

제시 예 1. 딸이 시험에서 나쁜 점수를 받아왔을 때

딸: "엄마, 나 수학에서 70점 받았어요."

엄마: "그래? 어떤 기분이야?"

딸: "너무 속상해요. 다른 애들은 다 90점 넘게 받았는데…."

엄마: "속상한 마음 이해해. 그런데 점수가 네 가치를 결정하지는 않아. 너는 점수와 상관없이 소중한 사람이야. 이번에 어려웠던 부분이 뭔지 같이 살펴볼까?"

제시 예 2. 아들이 친구들과 다투어 속상해할 때

아들: "아빠, 친구들이 나랑 안 놀겠대요."

아빠: "아휴, 힘들었겠다. 무슨 일이 있었는지 이야기해 줄 수 있을까?"

아들: "내가 먼저 화를 냈어요. 그런데 이제 미안하다고 해도 용서를 안 해줘요."

아빠: "실수는 누구나 해. 네가 잘못을 인정하고 사과하려는 마음이 중요하지. 친구들도 시간이 지나면 이해할 거야. 아들아, 한 번 더 진심으로 사과해 볼까?"

이런 대화를 통해 아이들은 자연스럽게 배운다. 실수는 끝이 아니라 배움의 기회라는 것을, 자신의 가치는 성과와 별개라는 것을, 관계에서 갈등이 생겨도 해결할 방법이 있다는 것을 말이다.

아이들의 변화도 놀랍다. 친구와 다툰 후에 스스로 "엄마, 나 친구한테 사과할래요"라고 말하고, 시험을 못 봐도 "괜찮아요. 다음에 더 열심히 할래요"라며 긍정적으로 반응한다. 다른 아이들과 비교당해도 "나는 나만의 장점이 있어요"라며 당당하게 대답한다.

이렇게 당신이 전하는 새로운 언어는 자녀들의 내면에 건강한 수호천사 OS를 설치한다. 몇십 년 후 당신의 자녀들이 어른이 되어 자신의 아이들을 키울 때, 그들은 자연스럽게 사랑과 수용의 언어를 사용하게 될 것이다. 이렇게 세대를 거쳐 흘러온 상처의 사슬이 당신에게서 끊어지고, 사랑과 지혜의 새로운 유산이 다음 세대로 전해지기 시작한다.

1년 후, 더 큰 사명과 깊어진 지혜

1년 후가 지나면서 당신은 멘탈디자이너로서 더 큰 사명감을 가지게 된다. 이제는 악마의 속삭임이 들려와도 거의 흔들리지 않는다. 아니, 정확히 말하면 그 속삭임 자체를 다르게 듣는다. '아, 내 안의 어린아이가 불안해하고 있구나. 괜찮다고 달래줘야지'라며 오히려 내면의 상처받은 부분을 돌보는 기회로 활용한다.

직장에서는 멘탈디자인 동아리를 만들어 동료들과 함께 6초 호흡법을 연습하고, 어려운 상황에서의 대처법을 나눈다. 매주 금요일 점심시간에 모여서 한 주간의 스트레스를 대화로 나누고 서로의 대처법을 공유한다. "이번 주에 상사가 갑자기 프로젝트를 바꾸라고 했을 때 어떻게 반응하셨어요?"라고 질문받으면 "처음에는 당황했는데, 6초 멈춤을 하고 '이것도 새로운 기회일 수 있겠다'라고 생각하니까 마음이 편해졌어요"라고 답변한다.

지역 학부모 모임에서는 건강한 소통법에 대한 소규모 강의를 하기도 한다. "우리가 아이에게 화내는 순간을 관찰해 보세요. 대부분 우리 자신이 피곤하거나 스트레스받을 때예요. 아이 때문이 아니라 우리 상태 때문에 화내는 일이 많아요"라며 부모들의 깊은 공감을 이끌어낸다.

젊은 부모들에게는 '아이에게 전하는 수호천사의 언어'에 대해 조언한다. "왜 이것도 못 하니?"보다는 "어려웠구나, 어떻게 도와줄까?"로, "다른 아이들은 다 하는데"보다는 "네 속도로 천천히 가도 돼"라고 말하길 조언한다. 이런 작은 변화가 아이의 자존감을 완전히 바꿔놓는다는 말에 부모들이 눈물을 글썽이며 공감한다.

온라인에서도 멘탈디자인 카페를 운영하며 비슷한 경험을 가진 사람들과 네트워크를 형성한다. "오늘 완벽주의 OS가 또 실행됐어요. 아이 도시락을 완벽하게 싸겠다고 새벽부터 스트레스를 받다가 깨달았어요"라는 글에 "저도 그런 적 많아요. 완벽하게 멋진 도시락보다 엄마의 편안한 마음이 아이에게 더 좋은 에너지를 줘요"라며 따뜻한 격려를 보낸다.

무엇보다 당신은 이런 활동이 전혀 부담스럽지 않다. 이런 일들이 억지로 하는 선행이 아니라, 자연스러운 나눔이기 때문이다. 멘탈디자인을 통해 얻은 자유와 평화, 기쁨이 너무나 소중해서 다른 사람들과 함께 나누고 싶어지는 것이다.

진정한 자유: 의식적 선택의 삶

멘탈디자이너로서 당신이 경험하게 될 가장 큰 선물은 '진정한 자유'이다. 더 이상 과거의 상처에 발목 잡히지 않고, 타인의 시선에 휘둘리지 않으며, 미래의 불안에 압도되지 않는 자유. 매 순간 '지금 여기서 나는 어떤 선택을 할 것인가?'를 의식적으로 결정할 수 있는 자유. 감정의 노예가 아닌 감정의 주인으로 살아가는 자유!

예전에는 상황이 당신을 좌지우지했다. 상사의 기분에 따라 하루가 좌우되고, 아이의 반응에 따라 감정이 롤러코스터를 타며, 타인의 평가에 따라 자존감이 오르락내리락했다. 하지만 이제는 다르다. 상황은 그냥 상황일 뿐이고, 그 상황에 어떻게 반응할지는 전적으로 당신이 선택한다.

아침에 비가 온다고 해서 기분이 우울해지지 않는다. 오히려 '비 오는 날은 비 오는 날만의 매력이 있지. 오늘은 빗소리를 들으며 낭만을 즐기는 날로 디자인해 보자'라고 생각한다. 동료가 불친절하게 대해도 개인적인 의미로 받아들이지 않는다. '저 사람도 뭔가 힘든 일이 있나 보네. 나는 그냥 내 일에 집중하자'라고 여긴다. 계획했던 일이 틀어져도 스트레스받지 않는다. 오히려 '계획이 바뀐 거네. 이 새로운 상황에서 어떻게 하면 더 좋은 결과를 만들 수 있을까?'라고 생각한다.

이런 자유로움은 하루아침에 얻어진 것이 아니다. 수없이 많은 6초 멈춤과 수천 번의 의식적 선택, 무수한 실패와 재시작을 통해 얻은 것이다. 하지만 한번 이 자유를 맛보면 절대 예전으로 돌아가고 싶지 않다.

당신은 깨닫게 될 것이다. 진정한 성공은 외부의 성취가 아니라 내면의 평화에서 온다는 것을! 진정한 행복은 조건부가 아니라 무조건적이라는 것을! 진정한 사랑은 완벽함이 아니라 있는 그대로를 수용하면서 시작된다는 것을 말이다. 멘탈디자이너가 된 당신은 이런 지혜를 머리가 아닌 가슴으로, 이론이 아닌 경험으로 체득하게 된다.

평생 진화하는 여정

당신은 이제 평생 성장하고 진화하는 멘탈디자이너로서의 여정을 시작했다. 이 여정에는 끝이 없다. 90세, 100세가 되어서도 당신은 여전히 새로운 상황에 맞는 멘탈을 디자인하고, 더 지혜로운 선택을 하며, 더 깊은 사랑을 경험해나갈 것이다. 그 모든 과정은 당신만의 고유하고 아름다운 인생의 멋진 작품이 될 것이다.

노년에는 또 다른 멘탈핏이 필요하다. 신체적 변화를 받아들이는 수용의 멘탈, 인생을 돌아보며 감사하는 멘탈, 다음 세대에게 지혜를 전수하는 어른의 멘탈 등 각 인생 단계마다 최적의 멘탈을 디자인해 나가는 것, 그것이 바로 평생 멘탈디자이너의 모습이다.

이제 당신은 단순히 문제를 해결하는 사람이 아니라, 삶을 설계하는 사람이 되었다. 상황이 당신을 좌지우지하는 것이 아니라, 당신이 상황에 맞는 최적의 멘탈을 선택하는 주체가 되었다. 이것이 바로 진정한 멘탈디자이너의 정체성이다.

당신에게 전하는 마지막 메시지

마지막으로, 당신에게 하고 싶은 이야기가 있다. 이 책을 통해 멘탈디자인 여정을 시작한 것만으로도 당신은 이미 용기 있는 사람이다. 완벽하지 않은 자신을 인정하고 변화를 시도한 것만으로도 충분히 가치 있다.

앞으로도 때때로 구 버전 OS가 다시 실행될 수 있고, 수호천사 OS가 약해지는 순간들도 있을 것이다. 하지만 그래도 괜찮다. 완벽한 멘탈디자이너는 없다. 다만 꾸준히 업데이트해 나가는 멘탈디자이너가 있을 뿐이다. 당신은 이미 그 길을 걷고 있다.

중요한 것은 한 번 실패했다고 해서 모든 것이 무너지는 것은 아니라는 점이다. 오히려 그 실패를 통해 시스템을 더욱 정교하게 만들어갈 수 있다. '아, 이런 상황에서는 이 패턴이 나오는구나! 다음에는 어떻게 대응하면 좋을까?'라며 계속 개선해 나가는 것이다.

악마의 속삭임이 들려와도 더 이상 흔들리지 않는 당신, 어떤 폭풍이 와도 중심을 잃지 않는 당신, 자신과 타인을 있는 그대로 사랑할 줄 아는 당신, 매 순간을 의식적으로 선택하며 살아가는 당신! 이런 당신이 바로 진정한 멘탈디자이너다.

자, 이제 진짜 시작이다. 책장을 덮고 일상으로 돌아가는 지금 이 순간부터 당신의 새로운 인생이 시작된다. 수호천사 OS와 함께하는 첫 번째 하루를 디자인해 보자. 당신이라는 걸작을 완성해나가는 평생의 여정을 시작해 보기 바란다.

당신은 이미 충분히 멋진 사람이다. 이제 그것을 스스로 인정하고 세상에 보여줄 시간이다. 악마의 속삭임은 여전히 들려올 수 있지만, 이제 당신은 그 속삭임에 흔들리지 않는다. 바로 당신에게는 더 강력한 수호천사의 목소리가 있기 때문이다.

나는 내 삶의 멘탈디자이너다

나의 멘탈디자이너 선언문
- ☑ 나는 상황과 역할에 맞는 최적의 멘탈을 스스로 선택할 수 있다.
- ☑ 나는 과거의 상처에 머물지 않고 현재의 가능성에 집중한다.

- ✅ 나는 감정의 희생자가 아닌, 의식적인 선택자로 살아간다.
- ✅ 나는 완벽하지 않아도 괜찮으며, 실패를 통해 더욱 강해진다.
- ✅ 나는 평생에 걸쳐 더 나은 버전으로 업데이트해 나간다.
- ✅ 나는 나의 변화를 통해 주변 사람들과 다음 세대에게 긍정적 영향을 끼친다.

오늘도 당신의 내면에서 수호천사가 속삭인다.

"넌 이미 충분해! 그리고 더 성장할 가능성으로 가득해. 악마의 속삭임이 들려와도 흔들리지 마. 나는 항상 네 곁에 있어. 오늘도 함께 아름다운 하루를 디자인해 보자."

악마의 속삭임에도
흔들리지 않는
멘탈디자인

1판 1쇄 펴낸날 2025년 10월 2일

지은이 임주리
펴낸이 나성원
펴낸곳 나비의활주로

책임편집 유지은
디자인 BIG WAVE

전자우편 butterflyrun@naver.com
출판등록 제2010-000138호
상표등록 제40-1362154호
ISBN 979-11-93110-78-2 03320

※ 이 책은 저작권법에 따라 보호받는 저작물이므로 무단 전재와 무단 복제를 금지하며,
   이 책의 내용을 전부 또는 일부를 이용하려면 반드시 저작권자와
   도서출판 나비의활주로의 서면 동의를 받아야 합니다.
※ 잘못된 책은 바꿔 드립니다.
※ 책값은 뒤표지에 있습니다.